SPIELREGELN

1 Die Katze will beim Spielen ihre natürlichen Triebe ausleben: die »Beute« belauern, beobachten, heranschleichen und fangen.

2 Im Zoofachhandel gibt es ein großes Angebot von gut geeignetem Spielzeug. Nicht verwenden sollten Sie kleine Bälle oder Teile, die verschluckt werden können.

3 Wollknäuel dürfen Sie Ihrer Katze nur unter Aufsicht überlassen. Sie kann sich in den Fäden verheddern oder sich strangulieren.

4 Manchmal wird aus Spiel plötzlich Ernst. Wenn das »Opfer« dann gerade Ihre Hand ist,

ziehen Sie sie nicht erschrocken zurück – das gibt böse Kratzer. Halten Sie still, bis die Erregung abgeklungen ist. Die Katze merkt schnell, dass sie zu weit gegangen ist.

5 Bevor Sie mit Ihrer Katze toben, sollten Sie Gegenstände, die leicht umkippen, wegstellen und Sessellehnen mit einer Decke schützen. Dasselbe gilt, wenn mehrere Jungkatzen in der Wohnung Fangen spielen.

6 Katzen sind eigentlich nachtaktiv, passen sich dem Tagesrhythmus

ihrer Familie aber meist problemlos an. Spielstunden zu festgelegten Zeiten erleichtern ihnen die Umstellung ihrer inneren Uhr.

7 Wenn Ihre Katze einmal keine Lust zum Spielen hat, zwingen Sie sie nicht. Vielleicht hat sie gerade eine Ruhepause eingelegt. Sollte die Unlust anhalten, ist sie wahrscheinlich krank und muss zum Tierarzt.

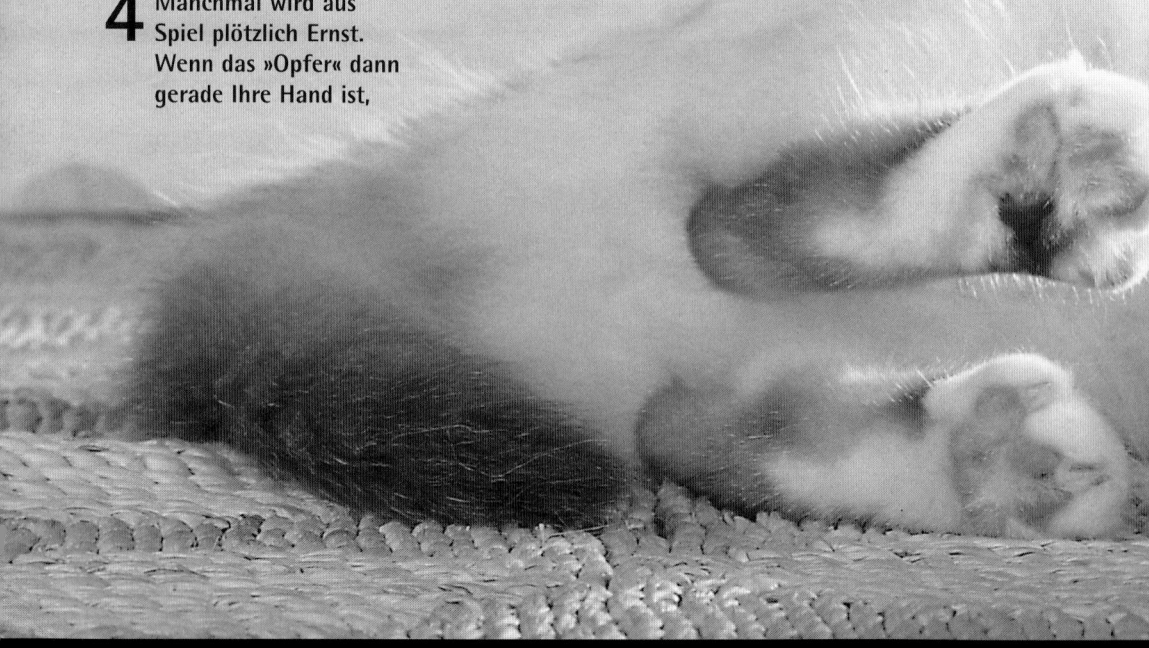

Das Leben ist ein Spiel

Zumindest scheint es das aus Katzensicht zu sein. Spielerisch lernen die Kleinen alle Phasen der erfolgreichen Jagd. Fang- und Haschspiele sind aber auch für die Großen lebensnotwendig, wenn sie ihren Jagdinstinkt nicht in der freien Natur ausleben können. An die Stelle des echten Beutefangs tritt dann das Spiel. Ohne diese Möglichkeit, ihren natürlichen Trieb zu befriedigen, kommt es zu ernsthaften Verhaltensstörungen. Reine Hauskatzen benötigen mehrmals täglich ausgiebige Zuwendung ihres Menschen und bewegungsintensive Spiele. Ein Ball, ein Federbüschel oder eine Spielmaus die-

nen als Ersatzbeute. Auch die menschliche Hand oder der Zeh unter der Bettdecke sind in Katzenaugen ideale Jagdziele. Wer eigene Verletzungen vermeiden möchte, sollte darauf achten, dass die Hand nie als Spielobjekt benutzt wird, sondern nur streichelt, krault und füttert. Übrigens: Auch bei Auslaufkatzen, die sich ganz nach Lust und Laune im Haus oder draußen aufhalten dürfen, fördern Beschäftigung und Spiel die harmonische Beziehung zwischen Mensch und Tier ungemein.

VERHALTENSWEISEN DER KATZE VERSTEHEN

Katzen sind von Natur aus verspielt, wobei der Spieltrieb untrennbar mit dem Jagdtrieb verbunden ist. Leben sie mit uns Menschen unter einem Dach, ist es unsere Aufgabe, ihnen die Möglichkeit zu geben, diese Triebe auszuleben. Erst wer die Verhaltensweisen seiner Katze versteht, kann die Beziehung zu ihr harmonisch gestalten.

Katzen zähmen Menschen

Katzen suchen sich »ihren« Menschen, bei dem sie leben möchten, gerne selbst aus. In ländlichen Gegenden ist das oft heute noch so. Schon vor 8000 bis 9000 Jahren hatten sich wilde Katzen freiwillig den Menschen angeschlossen. In deren Vorratskammern gab es viele Mäuse und Ratten, ideale Jagdgründe für die kleinen Raubtiere. Außerdem boten die menschlichen Behausungen Schutz und Wärme. Indem die Katzen eigene Ziele verfolgten, waren sie gleichzeitig für den Menschen äußerst nützlich. Es war also nicht der Mensch, der sich die Katze »untertan« gemacht hat. Die intelligenten Jäger haben sich sozusagen selbst domestiziert, haben sich den Menschen als Partner ausgesucht.

In den vielen Jahrtausenden, seitdem sich die Katze »entschlossen« hat, dem Menschen bei der Eindämmung der Mäuse- und Rattenplage zu helfen, hat sie sich kaum verändert. Heute wie damals geht sie gerne ihre eigenen Wege. Freiwillig kam sie zum Menschen, und noch im-

mer muss sich der Mensch die Zuneigung der Katze verdienen. Benimmt er sich in Katzenaugen schlecht, zeigt sie ihm deutlich ihren Unmut oder verlässt ihn einfach. Niemals folgt sie ihm im blinden Gehorsam. Dies ist sicher auch der Grund, warum manche Menschen ein etwas zwiespältiges Verhältnis zu Katzen haben. Sie können sich einfach nicht mit der offensichtlichen Unabhängigkeit der Samtpfoten abfinden. Gut geeignete Katzen-Menschen sind tolerant, versuchen ihr nichts aufzuzwingen, was sie nicht freiwillig tun möchte, und lassen ihr möglichst viel Freiheit. Die Bewegungen dieser Menschen sind nicht tollpatschig und poltrig, ihre Stimme ist nicht laut.

Die Katze lässt das Mausen nicht

Heute wie damals ernährt sich die frei lebende Katze überwiegend von den kleinen Nagetieren. Der Jagdtrieb ist so stark entwickelt, dass auch eine satte Katze immer bereit ist, auf die Pirsch zu gehen, selbst wenn sie Mäuse gar nicht mag. Das Jagen kann ihr niemand abgewöhnen. Wenn die Katze heute in unseren Stadtwohnungen keine Chance auf echte Beute hat – außer einem gelegentlichen »Brummer« vielleicht – sucht sie sich Ersatzobjekte im Spiel.

Besonders beliebt bei vielen Katzen ist mit Katzenminze gefülltes Spielzeug.

Die besonderen Fähigkeiten der Katze

Mit ihrem geschmeidigen, kraftvollen Körper, ihrer großen Sprungkraft, ihren langen starken Fangzähnen und beweglichen nadelspitzen Krallen gilt die Katze als das am höchsten entwickelte Raubtier.

Eleganz und Kraft

Ihre enorme Sprungkraft und Schnelligkeit verdankt die Katze ihren rund 240 leichten und trotzdem festen Knochen und über 500 Muskeln. Das Rückgrat ist äußerst biegsam. Die Katze kann ihren Kopf um bis zu 180 Grad drehen und ist so gelenkig, dass sie beim Putzen mühelos fast jede Stelle ihres Körpers erreicht. Sie ist in der Lage, aus dem Stand heraus in alle Richtungen zu springen, sogar rückwärts. Ohne Anlauf kann sie fünfmal so hoch hüpfen wie sie selbst lang ist. Während sie problemlos zwei Meter und mehr an Höhe überwindet, hasst sie es, tief herunterzuspringen oder kopfüber herabzuklettern.

Im freien Fall kann sie sich so ausrichten, dass sie immer auf allen vieren landet. Voraussetzung ist allerdings, dass ihr genügend Zeit für die Drehung bleibt. Fällt sie zu tief, kann sie sich natürlich trotzdem Verletzungen zuziehen. Die Katze ist ein hervorragender Sprinter und Springer, aber kein Dauerläufer. Lange hält sie ihre Höchstleistungen nicht durch. Deshalb wird sie ihre Beute auch nie lange verfolgen, falls sie ihr doch einmal entwischt. Und wenn sie selbst fliehen muss, wählt sie möglichst immer den Ausweg nach oben.

Weiche Pfoten und scharfe Krallen

Die Krallen sind wohl die stärksten Waffen der Katze. Normalerweise mit Hilfe von Sehnen und Muskeln in die Hauttaschen der Ballen eingezogen, sind sie vor Abnützung geschützt und bleiben nadelspitz. Beim Greifen der Beute, beim Kampf und beim Klettern werden sie blitzschnell ausgefahren. Die Ballen (vorne fünf, hinten vier) sind weich gepolstert und ermöglichen der Katze zusammen mit den beweglichen Zehen den leisen Gang. Die Krallenpflege erledigt sie selbst. Mit Hilfe ihrer Zähne entfernt

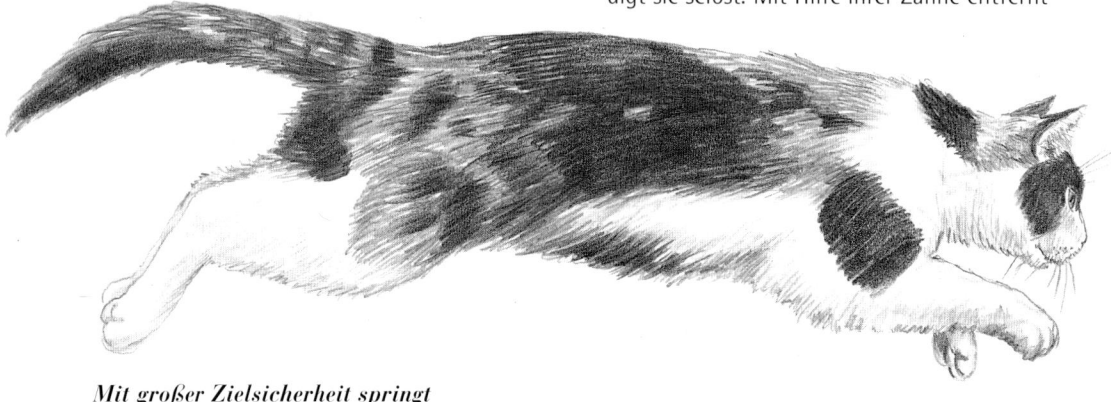

*Mit großer Zielsicherheit springt
die Katze zu ihrer Beute.*

sie alte Hornschichten und bringt die Krallen in Form. Durch Kratzen an einem Baum bleiben sie schön spitz und werden nicht zu lang. Damit Ihr Stubentiger nicht aus Not auf die Tapeten oder Ihre Möbelstücke zurückgreifen muss, ist es wichtig, ihm Alternativen wie zum Beispiel einen Kratzbaum zur Verfügung zu stellen (→ Seite 35 und 43). Er wird nicht nur zum Krallenschärfen genutzt, sondern kann mit Bällen, Tauen, Sitzbrettern und Höhlen zu einem beliebten Spielplatz ausgebaut werden.

Gefährliche Zähne und Raspelzunge

Obwohl die Katze nur 30 Zähne hat – weniger als alle anderen vierbeinigen Fleischfresser –, ist ihr Gebiss eine sehr gefährliche Waffe. Mit den dolchartigen Eckzähnen packt sie ihr Opfer und tötet es. Mit den scherenartigen Backenzähnen zerschneidet sie die Beute, bevor sie die Stücke herunterschluckt. Die winzigen Vorderzähne, je sechs oben und unten, werden zum Knabbern und zur Fell- und Krallenpflege benutzt.
Die raue Zunge, die mit Hornpapillen besetzt ist, hilft, das Fleisch von den Knochen zu raspeln und dient als Bürste bei der Fellpflege.

Was sieht eine Katze?

Die leuchtenden großen Augen der Katze faszinieren uns ganz besonders. Die Pupillen verengen sich bei hellem Sonnenlicht zu schmalen Schlitzen und weiten sich im Dunkeln zu riesigen runden Scheiben. Die Katze kann auch noch in der Dämmerung und nachts Formen, Umrisse und Bewegungen erkennen. Ein Teil des einfallenden Lichts wird von einer spiegelähnlichen Schicht im Augenhintergrund reflektiert, dient sozusagen als Restlichtverstärker und lässt das Katzenauge nachts strahlen. Am schärfsten sieht die

Katze bis etwa zehn Meter. Da sie zudem ein Gesichtsfeld von gut 180 Grad hat, entgeht ihr so schnell nichts.

Was hört eine Katze?

Das Hörvermögen der Katze überschreitet unsere Vorstellungskraft bei weitem. Katzenohren nehmen Schwingungen auf von 20 Hertz (sehr tiefer Ton) bis zu 65 000 Hertz (sehr hoher Ton im Ultraschallbereich). Wir Menschen hören als Kinder nur bis etwa 20 000 Hertz, als Erwachsene noch deutlich weniger. Katzen können Töne nicht nur hören, sondern auch genau feststellen, woher sie kommen und wie weit sie weg sind. Damit sind sie in der Lage, eine Maus zu orten und sicher zu packen, auch wenn sie sie überhaupt nicht sehen können.

Empfindliche Schnurrhaare

Schnurrhaare an der Schnauze und Backe und weitere Sinneshaare an den Augenbrauen und der Rückseite der Vorderbeine geben hochempfindlichen Tastnerven Informationen über Vibrationen, Temperatur und Luftdruck. Sie ermöglichen der Katze auch in völliger Dunkelheit die Orientierung. Mit weit aufgefächerten und nach vorne gerichteten Schnurrhaaren prüft sie zum Beispiel Temperatur und Beschaffenheit eines unbekannten Objekts.

Gute Nase

Der Geruchssinn spielt im Katzenleben ebenfalls eine große Rolle. Schon die Welpen finden damit die Zitzen der Mutter, und später vermittelt er Informationen über Reviergrenzen, Artgenossen, Geschlechtsaktivitäten, Fressbares und vieles mehr. Manche Gerüche bereiten Katzen ein geradezu sinnliches Vergnügen wie Katzenminze oder Baldrian. Wenn solche Duftstoffe in Katzenspielzeug enthalten sind, sind viele Katzen ganz wild danach (→ Seite 46).

So lernen Katzen

Katzen lernen von der Geburt bis zum Tode. Ihre Lernfähigkeit ist groß. Sie verarbeiten neue Erfahrungen und passen ihr Verhalten geschickt an. Sie können durch Imitation lernen, das heißt, sie ahmen nach, was die Mutter, ein Artgenosse oder der Mensch ihnen vormacht. Gibt es kein Vorbild, können sie sich aber auch nach dem Prinzip »Versuch und Irrtum« vortasten. Hierbei probiert die Katze verschiedene Vorgehensweisen aus. Führt eine zum Erfolg, wird sie diese in künftigen ähnlichen Situationen wieder anwenden. Was sie einmal gelernt hat, vergisst sie nicht wieder. So offen die Katze für neue Erfahrungen ist, so wenig ist sie andererseits von gewohnten Verhaltensweisen, die sie einmal für richtig befunden hat, wieder abzubringen. Sie ist nur dann bereit, »umzulernen«, wenn sich eine völlig neue Situation ergibt, wie beispielsweise eine ungewohnte Umgebung. Da lernt sie sehr schnell dazu und passt sich dieser neuen Situation an.

Positive Anreize schaffen

Katzen können mit Recht als kluge und intelligente Tiere bezeichnet werden. Das heißt jedoch nicht, dass sie menschlichen Befehlen Folge leisten möchten. Sie können einfach nicht einsehen, warum sie gehorchen sollten. Verbote, Schimpfen, Strafen – das alles ist völlig sinnlos. Andererseits sind sie manchmal durchaus bereit, menschlichen »Anregungen« nachzukommen – freiwillig versteht sich. Wenn der Mensch in der Lage ist, diese Anregung schmackhaft zu machen, hat er gewonnen. Die Katze muss mit dem gewünschten Verhalten etwas Positives verbinden, wie Leckerbissen, Streicheleinheiten oder Spielspaß, dann wird sie es aus eigenem Willen tun. Es ist sogar möglich, sie zu animieren, kleine Kunststückchen auszuführen (→ Seite 56/57). Andererseits kann auch die Verknüpfung einer unangenehmen Erfahrung (zum Beispiel der Strahl aus einer Wassersprühflasche) mit einem unerwünschten Verhalten Wunder wirken. Solch ein negatives Erlebnis darf die Katze jedoch auf keinen Fall als eine Strafe vom Menschen erkennen.

Katzenschule für Katzenkinder

In ihrem zweiten und dritten Lebensmonat lernen die Kätzchen spielerisch alles, was sie zum Leben brauchen: Anschleichen, Entfernungen abschätzen, den Sprung, Fangen, Verfolgen, den Tötungsbiss, Fressen der Beute, Klettern und Balancieren, Kämpfen und Flucht. Sie erfahren, wer Freund und wer Feind ist, was fressbar ist und was nicht. Sie ahmen die Mutter nach, wie sie sich putzt, die Krallen wetzt, Kot und Urin verscharrt. Sie schlafen nur noch wenig. Mit elf bis zwölf

So ein runder Korb mit dem darin befestigten Bällchen ist ein ideales Spielzeug.

Wochen beherrscht ein junges Kätzchen schon alle grundlegenden Techniken einer erwachsenen Katze. Aber selbst wenn das Kätzchen von seiner Mutter nie gelernt hat, Mäuse zu fangen, weil es vielleicht nur im Haus aufgewachsen ist, ist es später noch in der Lage, sich das Jagen lebendiger Beute selbst beizubringen. Allerdings beherrschen nicht alle dieser Katzen den Tötungsbiss und viele sehen die erlegten Mäuse auch nicht als Nahrung an.

Was Senioren noch (lernen) können

Selbst alte Katzen sind noch lernfähig und spielen auch gerne. Die Reaktionen sind genauso gut wie bei den Jungen. Nur die Bewegungen sind meist nicht mehr ganz so stürmisch. Auch die ältere Katze braucht Beschäftigung und Bewegung, um gesund zu bleiben und sich

Mit der Mutter auf Streifzug durch den Garten – das ist aufregend!

wohl zu fühlen. In der Natur muss die Katze auch noch im hohen Alter Mäuse jagen, um zu überleben.

Gut gepflegte Katzen können rund 15 bis 20 Jahre alt werden. Aber schon ab etwa zehn Jahren wird der Alterungsprozess sichtbar: Die Katze wird ruhiger, schläft viel, vermeidet Auseinandersetzungen und ist Neuem weniger aufgeschlossen. Wie weit sie bereit ist, noch etwas dazuzulernen oder ein neues Spiel auszuprobieren, hängt ganz davon ab, ob sie jahrelang nur träge auf dem Sofa lag oder ob ihr immer wieder neue Anreize gegeben wurden und sie so körperlich und geistig fit blieb.

Die Katzensprache

Für das tägliche Zwiegespräch und Spiel mit Ihrer Katze hilft es, wenn Sie möglichst viel von ihrer Sprache verstehen. Nur wenige Tiere haben ein solch umfangreiches Repertoire an vielfältigen Verständigungsmöglichkeiten wie Katzen. Mindestens vier Kommunikationsformen stehen ihnen zur Verfügung: Laute, Mimik, Körpersprache und Duftsignale. Sie setzen sie virtuos ein, einzeln oder in Kombination.

Lautäußerungen

Das Miauen ist zweifellos der bekannteste Katzenlaut. Ein kurzes helles Miauen ertönt, wenn die Katze etwas haben oder erreichen möchte, aber auch, wenn sie sich gestört fühlt oder mit einer Situation unzufrieden ist. Das Miauen um einen Partner hebt sich stark davon ab. Wenn die Mutter nach ihren Jungen ruft, klingt das ebenfalls anders. Bringt sie ihnen Beute, dann unterscheidet sie sogar stimmlich zwischen verschiedenen Leckerbissen: Mäuse werden anders angekündigt als eine gefährliche Ratte. Jede Katze hat zudem ihre ganz eigene unverkennbare Stimme.

Neben dem Miauen beherrscht die Katze noch eine reiche Vielfalt anderer Laute: Sie kann schreien und kreischen oder ohrenzerreißend heulen, wie in großer Bedrängnis, im Kampf oder bei der Paarung. Sie kann heiser klagen, wenn sie krank ist. Sie meckert oder keckert, wenn eine Fliege oder ein Vogel unerreichbar ist. Zur Begrüßung gurrt sie freundlich in mehreren Tonlagen. Auch ihre Kinder schart sie mit einem hohen Gurren um sich. Vermischt mit kleinen Maunzern wird das Gurren zum »Plaudern«. Manche Katzen sind richtige Plaudertaschen, andere eher »wortkarg«.

Neben unendlichen Variationen dieser stimmhaften Töne stehen den Katzen noch viele stimmlose Laute zur Verfügung: Sie schnurren, wenn sie sich wohl fühlen, aber auch zur Beruhigung und Beschwichtigung. Sie fauchen zur Abwehr und als Drohung. Will die Katze angreifen oder ihre Stärke beweisen, wird sie knurren – bis hin zum wütenden Grollen.

Mimik

Viele Lautäußerungen verstärkt die Katze durch einen entsprechenden Gesichtsausdruck. Beim Fauchen beispielsweise öffnet sie den Mund halb, zieht die Oberlippe zurück, dreht die Ohrmuscheln nach hinten und legt die Ohren seitlich flach an oder stellt sie hoch, je nach Situation.

Die Katze begrüßt ihren Menschen mit »Köpfchengeben«.

Katzensprache richtig verstehen

Körpersprache	Mimik	Lautsprache	Was heißt das?
Liegt entspannt, tretelt auch mit den Vorderpfoten	Augen und Ohren ruhig, Ohren auch leicht nach außen	Schnurren	Ich fühle mich sehr wohl bei dir, mach weiter so.
Streicht um die Beine, reibt das Köpfchen am Bein, Schwanz erhoben	wie oben, Augen halb geschlossen	Schnurren oder aufforderndes Miauen	Spiel und schmus mit mir! Oder: Gib mir etwas zu essen.
Kopf erhoben, Körper und Beine gerade, Schwanz hoch	Augen und Ohren ruhig, Ohren auch leicht nach außen	Miauen und Gurren, kurzes Maunzen	Freundliche Begrüßung: Was machen wir jetzt?
Körper gespannt, Beine gestreckt, Schwanzspitze zuckt	Ohren nach vorne aufgerichtet, Augen groß, Schnurrhaare vorwärts gefächert	(kurzes) helles Miauen, Keckern, Meckern	Aufmerksamkeit: Was ist da los? Wie komm ich da nur dran? Hilfst du mir?
Rücken leicht gewölbt; Schwanz angehoben, hakenförmig nach unten gebogen, Fell gesträubt, Vorderpfote hoch	Ohren etwas nach außen gestellt, Schnurrhaare vorwärts gefächert, Kopf seitwärts, Augen nach vorne gerichtet	Maunzen und leises Knurren	Spielerische Angriffsdrohung: Wer ist stärker? Lass uns ein bisschen balgen!
Rücken gerade, Fell gesträubt, Beine durchgedrückt, Schwanz schnellt peitschend hoch	Ohren hochgestellt, aber nach hinten gedreht, Kopf erhoben, Pupillen verengt	Tiefes Knurren, Grollen, auch übergehend in ein sirenenartiges Heulen	Achtung, gleich greif ich an! Mach lieber, dass du wegkommst!
Katzenbuckel, Hinterbeine eingeknickt, Schwanz peitscht, Fell gesträubt	Ohren seitlich flach gelegt, Kopf gesenkt, Schnurrhaare schmal zurück, Pupillen groß	Fauchen, Spucken, Schreien, Kreischen	Ich werde mich wehren, lass mich in Ruhe! (wenn ich kann, lauf ich lieber schnell weg)

Dabei verengt sie die Pupillen, wenn sie mit Angriff droht. Erweiterte Pupillen zeugen eher von Angst und Abwehr.

Geht die Katze aggressiv auf einen Gegner zu, sind die Ohren hochgestellt, die Muscheln nach hinten gedreht, der Kopf ist zur Seite gewendet. Auch die Stellung der Schnurrhaare zeigt, wie es um die Stimmung der Katze bestellt ist: Zurückgelegt können sie Angst signalisieren, breit nach vorne aufgefächert bedeuten sie gespannte Aufmerksamkeit.

Körpersprache

Mit der Stellung ihres Schwanzes, vielfältigen Kopf- und Körperhaltungen und dem Sträuben des Fells setzt die Katze deutliche Signale.

Mit der Pfote wird erst einmal vorsichtig probiert, wie nass das Wasser ist.

Wer wissen will, wie der Haustiger aufgelegt ist, muss vor allem auf den Schwanz achten: Zur freundlichen Annäherung steht er ruhig und hoch aufgerichtet. Schnelles, ruckartiges Hin- und Herbewegen lässt auf Erregung schließen. Einem plötzlich hochschnellenden peitschenden Schwanz folgt unmittelbar der Angriff. Bei Drohgebärden ist der Schwanz leicht abgestellt und zeigt gerade nach unten, nur die Spitze geht hin und her. Die Haare auf Schwanz und Rücken sind gesträubt. Fühlt sich die Katze dabei selbstsicher, bleibt der Rumpf relativ ge-

Die Katze wartet auf den richtigen Augenblick für den Sprung in den Baum.

streckt. Ist sie eher erschrocken und in Abwehrbereitschaft, macht sie einen Katzenbuckel und sträubt alle Haare, um größer zu wirken. Gefährlich kann es werden bei stocksteif aufgerichtetem und zur Flaschenbürste geformtem Schwanz. Knicken die Hinterbeine dabei ein, lässt das auf Ängstlichkeit, Unsicherheit bis zur angespannten Angriffsbereitschaft schließen. Durchgestreckte Beine sind ein Zeichen von Selbstsicherheit und Überlegenheit. Stärke wird aber auch mit Krallenwetzen oder Harnspritzen vor den Augen eines Artgenossen demonstriert.

Duftsignale

Die Angewohnheit des Katers, Harn gegen Wände, Pfosten oder Sträucher zu spritzen, ist uns nur zu gut bekannt. Für Menschen ist dieser Geruch kaum erträglich. Katzen haben aber auch viel dezentere Möglichkeiten, mittels Düften Signale zu geben. An Wangen, Kinn, Pfotenballen und auf dem Rücken besitzen sie Hautdrüsen, die Duftstoffe absondern, die wir nicht wahrnehmen. Indem sie sich berühren, übertragen sie Gerüche aufeinander. Köpfchen geben, Wangen reiben oder Flanken streichen sind solche typischen Handlungen. Selbst beim Krallenwetzen werden Duftsignale gesetzt. Auch Gegenstände werden mit Düften versehen und übermitteln Artgenossen »Nachrichten«.

So spielen Katzen

Katzenbabys spielen den ganzen Tag – sie raufen mit ihren Geschwistern, hüpfen auf der Mutter herum oder jagen eine imaginäre Beute. Dabei lernen sie alles, was sie später im Leben brauchen. Spielen und Lernen sind bei ihnen noch untrennbar miteinander verbunden.

Aber auch erwachsene Katzen spielen noch viel und gerne. Hauskatzen leben ihre Jagdtriebe spielerisch aus, indem sie einen Ball, ein Federbüschel, ein Papierknäuel oder ein Stück Schnur jagen, anspringen, fangen, wieder wegschleudern und forttragen. Katzen mit Auslauf spielen genauso gern – nur ist die Beute echt.

Spielerisch lernen von der Katzenmutter

In den ersten zwei bis drei Monaten lernen Katzenbabys im Spiel mit der Mutter alles, um später allein das Leben zu meistern.

Bereits vom ersten Tag an beginnen neugeborene Kätzchen Eindrücke ihrer Umgebung aufzunehmen und ihr Verhalten danach auszurichten. Der Tastsinn und der Geruchssinn sind bereits gut entwickelt, und das Katzenbaby kann die Wärme und den Geruch der Mutter und der Geschwister wahrnehmen.

Mit knapp einer Woche reagieren die Kleinen auf unbekannte, vor allem kratzende Geräusche. Schon drei Wochen später werden solche Geräusche sie veranlassen, dorthin zu hüpfen, um eine imaginäre Beute zu erhaschen.

Mit etwa zwei Wochen beginnen sie – zuerst noch etwas tapsig – zu spielen, und schon ab der vierten Woche unternehmen sie kleine Ausflüge außerhalb ihrer Wurfkiste.

Die Mutter passt auf, dass ihren Kindern beim Toben nichts zustößt.

Mit fünf Wochen können sie bereits ein bisschen springen und klettern. Die Katzenkinder flitzen nun in alle Ecken, purzeln Treppen hinunter und übereinander.

Die Katzenmutter bereitet ihre Kinder jetzt intensiv auf das Leben vor. Sie bewegt ihre Schwanzspitze hin und her, damit die Kleinen die »Beute« erhaschen. Sie rollt sich mit ihnen über den Boden, packt sie mit ihren Pfoten, beißt sie sanft, bis sie quieken. So bringt sie ihnen bei, sich zu verteidigen.

Sie schleppt Beute herbei, wirft sie durch die Luft, fängt sie wieder und animiert die Kleinen, es ihr gleichzutun. Anfangs ist die Maus schon tot, aber bald bringt die Mutter Mäuse, die sie nur etwas gelähmt hat. Die Kätzchen sollen damit spielen, um ihre Jagdreflexe zu trainieren. Bald ist die mitgebrachte Beute noch quicklebendig, damit die Jungen sie selbst fangen und töten können. Gibt es keine echten Nager, nimmt die Mutter ersatzweise auch ein Stück Fleisch, einen Käfer oder Schmetterling. Von Tag zu Tag können die Katzenkinder jetzt mehr.

Entwicklungsphasen der Katzenbabys

Alter	Was die Kätzchen schon können
1 Tag nach der Geburt	Sie schnurren bereits beim Saugen.
1. Lebenswoche	Sie krabbeln auf wackeligen Beinchen, können schreien und kämpfen um die beste Zitze.
2. Lebenswoche (meist 7. bis 14. Tag)	Die Augen öffnen sich, aber sehen noch nicht viel. Sie erkennen, woher Geräusche kommen.
3. Lebenswoche	Die Kätzchen werden munter. Sie sehen mehr. Erste tapsige Spiele mit den Geschwistern.
4. und 5. Lebenswoche	Neugierig krabbeln sie aus dem Körbchen. Die Mutter bringt erste feste Nahrung und Beute.
6. Lebenswoche	Sie sehen jetzt klar, rennen, springen und klettern.
7. bis 12. Lebenswoche	Sie werden selbstständig. Spielerisch lernen sie alles, was sie als erwachsene Katzen brauchen.

Spielen mit den Geschwistern

Schon in den ersten Tagen haben sich die kleinen Katzenbabys um die beste Zitze gerauft. Sobald sich ihre Augen öffnen, fangen sie an, nach ihren Geschwistern zu tatzeln. Erst nur ganz vorsichtig, dann immer gezielter. Bald balgen sie, lauern sich auf, schleichen sich an, ducken sich und stürzen sich wie wild auf Bruder oder Schwester. Sie machen einen Katzenbuckel, springen mit gesträubtem Fell und Schwanz auf den »Gegner« zu. Wilde Verfolgungsjagden entstehen, die im »Kampf« ihren Höhepunkt finden.

Dann endet das Spiel plötzlich, die Rollen wechseln, und der Gejagte wird zum Jäger. Wurfgeschwister müssen als Rivale, Partner und Opfer herhalten. So entwickeln Katzenkinder im gemeinsamen Spiel alle Fertigkeiten, die sie zum Jagen und zur Verteidigung brauchen.

DOLMETSCHER

Für das Spiel und die Beschäftigung mit Ihrer Katze müssen Sie ihre Verhaltensweisen richtig deuten können.

 Dieses Verhalten zeigt meine Katze.

 Was drückt meine Katze damit aus?

 So reagiere ich richtig auf ihr Verhalten!

Die Katze macht einen Buckel und sträubt das Fell etwas.

Sie hat sich erschrocken und ist abwehrbereit, aber gleichzeitig neugierig.

Fassen Sie sie jetzt besser nicht an. Reden Sie beruhigend auf sie ein.

Die Katze schläft ganz entspannt.

Sie hat genug gespielt und ruht sich aus.

Lassen Sie sie besser erst einmal in Ruhe.

Die Katze gähnt.

Sie ist nicht unbedingt schläfrig, sondern will beschwichtigen: »Ich bin friedlich, sei bitte auch nett zu mir.«

Sie können Sie ruhig streicheln.

Die Katze schleicht sich an und verharrt in angespannter Lauerstellung.

Sie hat eine Beute entdeckt.

Stören Sie sie nicht. Auch für eine Hauskatze ist es wichtig, dass sie ihren Jagdtrieb ausleben kann.

Die Katze dreht die Ohr-  muscheln zur Seite, die Pupillen sind etwas erweitert.

Sie ist abwehrbereit.

Fassen Sie sie besser nicht an, sie könnte angreifen. Reden Sie beruhigend auf sie ein.

Die Katze hat eine Maus gepackt.

Sie lebt ihren angeborenen Jagdtrieb aus.

Schimpfen Sie die Katze bitte nicht aus. Sie ist stolz auf ihre Beute.

Die Katze schärft ihre Krallen an einer Holzlatte.

Sie will damit aber auch imponieren und setzt gleichzeitig Duftsignale.

Geben Sie Ihrer Katze auch im Haus genug Kratzgelegenheiten.

Die Katze beißt spielerisch in die Hand.

Sie spielt damit wie mit einem Artgenossen.

Ziehen Sie die Hand nicht weg, sonst gibt es deutliche Spuren. Benutzen Sie lieber ein Spielzeug als die bloße Hand.

Das Kätzchen zerstört eine Zimmerpflanze.

Es langweilt sich. Ihm fehlt Beschäftigung.

Besorgen Sie geeignetes Katzenspielzeug und beschäftigen Sie sich viel mit dem Kleinen.

TIPP

Immer mittendrin

Egal, was Sie tun, Ihre Katze möchte am liebsten immer dabei sein. Wenn Sie die Zeitung lesen, springt sie auf die Seiten und verdeckt die Hälfte. Wenn Sie etwas aufschreiben wollen, setzt sie sich laut schnurrend auf das Papier und versucht den Stift zu fangen. Sitzen Sie am Computer, tritt die Samtpfote auf die Tastatur und verändert alle möglichen Einstellungen. Die Katze »hilft« den Kindern bei den Schularbeiten und Ihnen beim Gemüseputzen. Beim Klavierspielen begleitet sie Sie mit einem Lauf über die Tasten, und morgens weckt sie Sie in aller Frühe fröhlich auf, um Sie zum Spielen oder Schmusen aufzufordern. Schimpfen Sie nicht. Solche sehr spielfreudigen und schmusebedürftigen Katzen brauchen Ihre Zuwendung. Beziehen Sie sie deshalb so weit wie möglich in den Alltag ein. Da, wo die Katzenneugier wirklich zur Plage wird (zum Beispiel auf dem Esstisch), setzen Sie klare Grenzen und bleiben konsequent.

Spielen mit Artgenossen

Wenn Sie nicht genügend Zeit aufbringen können, um mit Ihrer Samtpfote täglich ausgiebig zu spielen und zu schmusen, sollten Sie sich überlegen, eine zweite Katze anzuschaffen. Möchten Sie sich von Anfang an zwei Katzen zulegen, wählen Sie am besten Wurfgeschwister oder zwei junge Kätzchen.

Wurfgeschwister, die miteinander aufgewachsen sind, vertragen sich in der Regel auch später gut und spielen weiterhin zusammen.

Bleibt ein Katzenkind bei der Mutter, spricht ebenfalls nichts gegen ein späteres harmonisches Zusammenleben.

Junge Kätzchen schließen relativ schnell Freundschaft mit einem unbekannten Artgenossen. Ist die fremde Katze auch jung, dauert es manchmal nur wenige Minuten, bis beide sich in spielerischen Kämpfen und gegenseitigem Nachlaufen oder im gemeinsamen Spiel mit einem Objekt näher kommen.

Trifft eine Jungkatze mit einer älteren zusammen, gibt es ebenfalls selten Probleme. In ihrem Übermut überwindet die Junge schnell alle Barrieren und bringt so die Ältere dazu, mitzuspielen. Die meisten Alttiere reagieren fremden Jungkatzen gegenüber nicht aggressiv.

Bei zwei erwachsenen Katzen wird das Aneinandergewöhnen schon etwas schwieriger. Katzen sind ausgeprägte Individualisten. Manche sind recht verträglich und befreunden sich nach einiger Zeit miteinander. Dann wählen sie ihre Ruheplätze auch in der Nähe des anderen, toben und spielen miteinander, machen gemeinsame Streifzüge durch ihr Revier. Andere gehen sich aus dem Weg und tolerieren auf diese Weise den »Rivalen«. Sie achten darauf, sich nicht zu nahe zu kommen, und niemals würden sie zusammen spielen.

Wieder andere stürzen sich wie Furien auf jeden »Eindringling«. Die alte Katze ist beleidigt, die neue total verängstigt. Ein Häufchen auf dem Sofa, eine Pfütze im Bett sind Zeichen des Protestes. In solchen Fällen besteht leider keine gute Chance, beide aneinander zu gewöhnen.

Spielen mit anderen Tieren

Katzen freunden sich auch mit anderen Tieren an, aber nicht alle Heimtiere eignen sich als Spielgefährten. Was kleiner ist als sie, betrachten sie normalerweise als Beutetier. Was größer ist, macht erst einmal Angst und gilt als Feind.

Kleine Nager und Vögel: Es gibt Fälle, in denen ein Meerschweinchen, ein Hamster, ein Sittich oder sogar eine Maus einträchtig mit einer Katze zusammenleben. Aber das sind absolute Ausnahmen. Selbst wenn die Tiere gemeinsam aufgewachsen sind, ist das Risiko groß, dass plötzlich der Jagdinstinkt der Katze erwacht und der »Freund« getötet oder schwer verletzt wird.

Kaninchen: Sie zählen aus Katzensicht zu den Beutetieren, selbst wenn sie fast gleich groß sind. Eine erwachsene Katze und ein junges, kleines Kaninchen miteinander zu vergesellschaften führt zum ziemlich sicheren Ende des Kaninchens! Ein junges Kätzchen und ein Kaninchen können allerdings sehr gut aneinander gewöhnt werden. Das Kaninchen fürchtet sich normalerweise nicht vor dem Katzenkind, und schon bald verstehen sich die beiden recht gut, auch wenn sie eine völlig andere Sprache sprechen. Sie werden sich mit hoher Wahrscheinlichkeit auch später noch akzeptieren. Allerdings entwickeln die meisten nicht viele gemeinsame Spiele. Aber sich gegenseitig Nachlaufen macht beiden großen Spaß.

Hunde: Zwischen Katzen und Hunden können großartige Freundschaften entstehen, und Hunde sind wirklich gute Spielpartner für Katzen. Vorausgesetzt natürlich, der Hund wurde nicht als Katzenjäger abgerichtet und die Katze hat keine üblen Erfahrungen mit Hunden gemacht. Am leichtesten gewöhnt sich eine junge Katze an einen jungen Hund. Aber auch viele erwachsene Hunde akzeptieren eine Katze als neuen Hausgenossen. Es gibt Hunde, die draußen wild hinter Katzen herjagen, im Haus aber die besten Spielgefährten sind. Und es gibt Hunde, die geradezu vernarrt in Katzen sind. Andere wiederum strafen sie mit Nichtbeachtung.

Schon bald haben Katze und Hund die Sprache des anderen so weit gelernt, dass es keine großen Missverständnisse mehr gibt. Dann deutet die Katze das Schwanzwedeln des Hundes nicht mehr als Angriffsdrohung, sondern sieht vielmehr in dem Schwanz ein ideales Spielobjekt. Und der Hund kann das Schnurren der Katze gut von ihrem Knurren unterscheiden.

Die meisten Katzen tolerieren es, wenn der Hund sie im Spiel einmal zu laut anbellt oder knautscht. Und der Hund macht sich nichts aus spitzen Krallen oder Zähnen, die ihn beim Balgen treffen (→ PRAXIS Eingewöhnen, Seite 42).

*Katzen, die sich mögen, liegen oft eng
aneinander gekuschelt zusammen.*

RICHTIG SPIELEN MIT KATZEN

Spielen ist für Hauskatzen ein wichtiger Teil ihres Lebens. Während Katzen mit Auslauf draußen ihren Jagd- und Spieltrieb befriedigen können, sind reine Wohnungskatzen darauf angewiesen, dass ihr Mensch sich ausgiebig mit ihnen beschäftigt.

Warum ist Spielen wichtig?

Spielerisch lernt das Kätzchen alles, was es für das Leben braucht. Je mehr das heranwachsende Fellknäuel an Spielanreizen erhält, umso intelligenter und geschickter wird es. Der Spieltrieb ist ihm angeboren und bleibt das ganze Leben über erhalten. Auch Katzen, die draußen jagen, spielen mit der gefangenen Beute, schleudern sie hoch, lassen sie vielleicht sogar noch einmal weglaufen, packen sie wieder und schubsen sie sogleich mit den Pfoten erneut an, um Fluchtreaktionen auszulösen. Auf diese Weise bauen sie die während des Anschleichens und Belauerns aufgestaute Erregung ab, vermeiden Stress und trainieren zugleich ihre Geschicklichkeit.

Dieser Jagd- und Spieltrieb ist nicht davon abhängig, ob das kleine Raubtier hungrig ist. Er ist vielmehr so stark, dass auch vollkommen satte Katzen eine entdeckte Maus nie unbehelligt lassen würden. Und ist gerade keine echte Beute da, spielen sie mindestens genauso gerne mit jedem geeigneten Ersatzobjekt.

Was ist denn in dem Ding da drin? Wie krieg ich das bloß raus?

Stärkung der Beziehung von Mensch und Katze

Im Spiel lernen wir unsere Katze immer besser kennen und schaffen ein enges Vertrauensverhältnis. Je mehr wir mit unserer Katze spielen, umso zutraulicher und aufgeweckter wird sie. Katze und Mensch werden zu Partnern. Gemeinsam können wir neue Spiele erfinden. Wir wissen bald, was sie besonders gerne mag und was sie weniger schätzt. Aber auch die Katze stellt sich auf unsere Vorlieben ein. Sind die Spielstunden regelmäßig zu einer bestimmten Tageszeit angesetzt, wird sie schon sehnsüchtig darauf warten. Und wir merken bald: Ist die Katze glücklich und zufrieden, werden auch wir zufriedener und ausgeglichener.

Die Liebe, die wir unserer Katze schenken, gibt sie uns überreich zurück. Die Beziehung zu ihr wird für uns zu einem Quell der Lebensfreude.

Beschäftigung von Wohnungskatzen

Wenn es auch auf den ersten Blick nicht als artgerecht erscheint, so gibt es doch viele gute Gründe, die kleinen Raubtiere nur in der Wohnung zu halten. Hunderttausende frei lebender Katzen werden jedes Jahr Opfer von Verkehrsunfällen, Jägern und Tierfängern. Wohnungs-

TIPP

Spielen ist Balsam für die Seele

Das tägliche Spiel und die Beschäftigung mit den Samtpfoten tut auch dem Menschen gut: körperlich und seelisch. Verfolgungsjagden, Versteckspiele und Spaziergänge fördern auch die Beweglichkeit des Zweibeiners. Die Beobachtung einer mit Hingabe spielenden Katze lässt uns verzücken und allen Alltagsstress und Ärger vergessen. Sie kann uns aufmuntern und trösten. Sie schenkt uns ein neues Gefühl für die Zeit. Die Katze zeigt uns zudem deutlich ihre Zuneigung. Sie vermittelt uns, wie wichtig wir für sie als Partner sind und dass ihr viel an unserer Gesellschaft liegt. Sie fördert unsere Kreativität beim Erfinden neuer Spiele. Und schließlich gibt es kaum etwas Entspannenderes, als eine wohlig schnurrende Katze zu streicheln, die es sich auf unserem Schoß bequem gemacht hat. Die wohltuende und beruhigende Wirkung einer Katze auf Erwachsene wie auf Kinder ist vielen Ärzten und Psychologen längst bekannt.

katzen erreichen im Durchschnitt ein deutlich höheres Alter als Auslaufkatzen, da sie viel weniger Gefahren ausgesetzt sind.

Dank ihrer hervorragenden Anpassungsfähigkeit kann sich die Katze sehr gut darauf einstellen, nur im Haus zu sein, besonders, wenn sie es von klein auf gewöhnt ist. Aber selbst eine erwachsene Katze ist noch in der Lage, sich umzustellen, wenn sie in eine neue Umgebung kommt. Niemand braucht ein schlechtes Gewissen zu haben, wenn er seiner Katze das ungebundene Streifen durch die Gärten, Wiesen und um Häuserblocks verwehrt. Voraussetzung ist aber, dass er sie ausreichend dafür entschädigt.

Hauskatzen, die nicht mehrere Stunden täglich die Gelegenheit haben, sich auszutoben und abzureagieren, sind völlig unterfordert. Das betrifft ganz besonders Wohnungskatzen, die allein gehalten werden und deren Mensch häufig nicht da ist. Sie fühlen sich einsam, und ihnen ist langweilig. Je intelligenter Katzen sind, umso mehr leiden sie unter dem Nichtstun. Solche Geschöpfe entwickeln oft schwere Verhaltensstörungen, wie beispielsweise Aggressivität, weil sie ihre aufgestauten Energien nicht anders loswerden können. Oder sie stumpfen immer mehr ab, überfressen sich und verkommen zu reinen Dekorationsobjekten. Hauskatzen müssen mindestens drei- bis viermal so viel spielen wie Auslaufkatzen.

Ein ausschließlich in der Wohnung gehaltenes Einzeltier schließt sich seinen geliebten Menschen sehr eng an. Sind mehrere Familienmitglieder vorhanden und fast immer jemand im Haus, wird sich auch die Katze nicht so schnell einsam fühlen.

Bei einem berufstätigen Single dagegen sieht das ganz anders aus. Die Katze kann es kaum erwarten, dass sich ihr Mensch endlich Zeit für sie nimmt. Wenigstens nach Feierabend und am Wochenende muss ihr menschlicher Partner dann für sie da sein, mit ihr spielen, raufen und schmusen. Sie braucht täglich mehrere Stunden Beschäftigung und Zuwendung und eine katzengerecht gestaltete Wohnung mit vielen Versteck- und Klettermöglichkeiten (→ PRAXIS Katzenwohnung, Seite 34/35).

Hinweis: Wenn Sie als berufstätiger Single nicht so viel Zeit für Ihren Vierbeiner aufbringen können, sollten Sie sich besser gleich zwei Katzen anschaffen, die auch ohne Sie miteinander spielen können.

Erziehung mit Hilfe von Spielen

Zwar gehorchen Katzen nicht so einfach wie
ein gut erzogener Hund. Das wäre dem Naturell
dieser Individualisten völlig zuwider. Aber sie
können doch – in Grenzen – lernen, welches
Verhalten wir nicht akzeptieren, und sie sind
häufig auch bereit, es uns recht zu machen.
Mit Hilfe von Spielen, die ihnen Spaß machen,
gelingt es leichter, die Haustiger zu einem Verhalten zu erziehen, das unseren Vorstellungen
entspricht. So kann man sie zum Beispiel an
den Kratzbaum gewöhnen oder ihnen
das Gardinenklettern abgewöhnen
(→ PRAXIS Eingewöhnen, Seite 42/43). Handelt die Katze
unseren Wünschen entspre-
chend, sollte sie dabei An-
genehmes erleben. Tut sie
etwas Unerwünschtes –
wie Krallenschärfen
am Sofa –, sollte das
mit einer unange-
nehmen Erfah-
rung verbun-
den sein.

Wird das Spiel zu ausgelassen und wild, kann es
passieren, dass Sie die Krallen ihrer Katze zu
spüren bekommen, ohne dass sie es wirklich
böse meint. Sie müssen ihr jedoch von Anfang
an klarmachen, dass ausgefahrene Krallen beim
Menschenspiel unerwünscht sind. Schreien Sie
ruhig deutlich »Aua« und schnippen mit dem
Finger gegen ihre Pfote. Lenken Sie das Spiel
auf einen Gegenstand, an dem sie sich abrea-
gieren kann.
Genauso kann es sein, dass die Stimmung der
Katze, während Sie mit ihr spielen oder schmusen, plötzlich umschlägt und sie Sie kratzen
oder beißen möchte. Sie reagiert dann nicht
»falsch«, sondern behandelt Sie nur wie
ihresgleichen. Auch beim Spielen unter
Artgenossen teilen Katzen Tatzenhiebe
aus, um sich wieder die nötige Distanz zu
verschaffen.
Hinweis: Wenn Sie Ihre Samtpfote beim
Spielen oder Kraulen immer genau beobachten, sehen Sie, wann es »gefährlich«
wird. Sobald die
Schwanzspitze
peitscht und sich
die Pupillen veren-
gen, beenden Sie
das Spiel sofort.

*Einem Finger, der
unter einer
Decke »Beute«
spielt, kann
keine Katze
widerstehen.*

Checkliste
Ist meine Katze fit?

1 Die Katze ist schlank, hat gut entwickelte Muskeln. Die Rippen sind tastbar, ohne herauszustechen.

2 Sie hat glattes, dichtes Fell, saubere Ohren, glänzende Augen.

3 Sie ist mehrere Stunden am Tag aktiv und spielt ausgelassen.

4 Sie kann locker mit einem Satz auf einen Tisch springen.

5 Sie reagiert neugierig auf alles, was sie nicht kennt.

6 Sie »unterhält« sich auf Katzenart mit ihrem Menschen.

7 Sie kann beim Putzen mit ihrer Zunge problemlos alle Körperstellen erreichen.

8 Wenn Sie gestreichelt wird, schnurrt sie.

9 Liegt die Katze nur apathisch herum, ist sie krank oder übergewichtig. Sie sollten sie dem Tierarzt vorstellen.

Wie und wie viel spielen?

Wie wir richtig mit unserer Katze spielen und schmusen, zeigt sie uns selbst, wenn wir sie aufmerksam beobachten. Katzen entwickeln ganz individuelle Vorlieben für bestimmte Spiele und Verstecke. Ihr Spielbedürfnis ist auch unterschiedlich stark ausgeprägt und abhängig von der Umgebung, in der sie gehalten werden, aber auch von ihrem Alter, ihrem Gesundheitszustand und ihrer Rasse.

Spielen mit einzeln gehaltenen Wohnungskatzen

Die Katze, die ausschließlich in der Wohnung ohne Auslaufmöglichkeit und ohne Gesellschaft einer zweiten Katze lebt, hat den größten Spielbedarf. Mehrere Stunden täglich muss ihr Mensch mit ihr verbringen, spielen, schmusen und einfach nur da sein. Für bewegungsintensive Spiele, Raufen und Toben sollte – mit Unterbrechungen – mindestens eine Stunde pro Tag reserviert sein. Eine Wohnungskatze muss drei- bis viermal so viel spielen wie eine Auslaufkatze, um ihren Jagdtrieb und ihren Bewegungsdrang ausreichend zu befriedigen. Gestalten Sie die Wohnung so abwechslungsreich wie möglich (→ PRAXIS Katzenwohnung, Seite 34/35). Allerdings nützt das schönste Spielzeug nicht viel, wenn der Katze Ihre persönliche Zuwendung fehlt.

Mit regelmäßigen Spaziergängen an der Leine können Sie den Stubentiger für fehlende Streifzüge entschädigen. Nach einer Zeit der Eingewöhnung machen dies viele Katzen sehr gerne, vorausgesetzt, es ist in der Umgebung nicht zu unruhig und Sie lassen ihr genügend Zeit und Bewegungsfreiheit (→ Seite 46 und 58). Falls die Katze jedoch nach mehrmaligen Versuchen keinen Gefallen daran findet, üben Sie bitte keinen Zwang aus.

Spielen mit mehreren Katzen

Falls Sie zwei oder sogar mehrere Katzen in Ihrer Wohnung halten, werden sie sich wahrscheinlich viel miteinander beschäftigen. Sind andere Sozial- und Spielpartner vorhanden, leiden die Katzen nicht so sehr, wenn ihr Mensch einmal nicht genügend Zeit für sie hat. Aber trotzdem lieben sie gemeinsame Spiele mit ihrem menschlichen Partner. Die Beziehung zum Menschen kann sogar viel enger werden als zu einem Artgenossen.

In einer Wohnung mit zwei oder mehr Jungkatzen geht es viel turbulenter zu als mit der Single-Katze. Ausgelassene Verfolgungsjagden über Sessel und Tische ziehen manches Möbel- und Dekorationsstück in arge Mitleidenschaft.

Papiertüten sind hervorragend als Katzenversteck geeignet.

Die Katzen rennen, galoppieren, schleichen, springen, hüpfen und balgen sich – es macht viel Spaß, ihnen dabei zuzuschauen. Aber Sie sollten in dieser wilden Phase Ihre Polstermöbel am besten durch übergelegte Decken schützen und alles aus dem Weg räumen, was leicht umfallen kann.

Mehrere Katzen lieben es auch, gemeinsam mit einem Ball zu spielen. Die Techniken, die die Haustiger entwickeln, um den Ball zu ergattern, lassen jeden Fußballer oder Handballer vor Neid erblassen. Sehr gut geeignet sind Tischtennisbälle oder Gummi- oder Schaumstoffbälle von etwa gleicher Größe, die der Zoofachhandel anbietet.

Spannend wird es auch, wenn Sie eine Spielmaus oder ähnliches Spielzeug an einer Schnur bewegen. Welche Katze ist aufmerksamer und schneller? Meist versuchen beide gleichzeitig das Spielobjekt zu erbeuten. Auch das Einüben kleiner Kunststückchen, wie Balancieren oder Springen durch einen Reifen (→ Seite 56/57) machen mehrere Katzen begeistert mit.

Katzen, die sich mögen, schmusen stundenlang zusammen und helfen sich gegenseitig bei der Körperpflege. Aber auch wenn sie sich sehr gut verstehen, sollte jeder Katze ein eigener Raum als Rückzugsmöglichkeit zur Verfügung stehen, sozusagen als Heim erster Ordnung. Als Faustregel gilt: Halten Sie nicht mehr Katzen, als Ihre Wohnung Zimmer hat! Sorgen Sie außerdem für möglichst viele Versteckmöglichkeiten, in die die Katzen hineinkriechen können, wie Körbe, leere Kartons oder vielleicht auch einen offenen Schrank. Bieten Sie ihnen mehrere Ruhe- und Schlafplätze zur Auswahl an. Katzen lieben ganz besonders die weichen Kuschelhöhlen aus Plüsch, die es im Zoofachhandel gibt und die Sie an verschiedenen Stellen in der Wohnung, auch auf Regalen oder Schränken, platzieren können.

An Fensterbänken und Heizungen lassen sich leicht spezielle Katzenliegen befestigen oder einfach einhängen. Sie bieten den Stubentigern einen warmen Schlafplatz und zugleich eine gute Aussicht nach draußen. Wichtig ist auch, dass jede Katze ihre eigene Toilette und ihren eigenen Wasser- und Futternapf hat. Auch in der Wohnung wird jede ihren Bereich markieren und den der anderen respektieren.

Ein Aquarium als Katzenfernseher fasziniert manchen Stubentiger immer wieder.

Spielen mit frei laufenden Katzen

Katzen mit freiem Ausgang finden draußen auf ihrer Pirsch genug Anreize, ihren Jagdtrieb und Bewegungsdrang auszuleben. Trotzdem spielen sie begeistert mit ihrem Menschen, auch im Haus, auf der Terrasse oder im Garten. Sie lieben seine Gesellschaft. Ist das gemeinsame Spiel zwar für ihre körperliche Fitness nicht unbedingt erforderlich – im Gegensatz zur reinen Wohnungskatze –, so ist es jedoch gut für die Psyche und stärkt die Beziehung von Mensch und Katze. Die Mäusefängerin kommt immer wieder gerne zurück und entfernt sich bei ihren Streifzügen durchs Revier meist nicht so weit vom Haus.

Spielen mit Katzenkindern

Ein einzeln gehaltenes Katzenkind braucht in den ersten Wochen und Monaten besonders viel Zuwendung und Beschäftigung. Niemals mehr ist die Katze so aktiv, neugierig und lernfähig wie in ihrer Jugendzeit. Spielen Sie so viel wie möglich mit ihr (wenn sie nicht gerade schläft, aber das ist in dieser Zeit ziemlich selten der Fall). Auch den Spaziergang an der Leine üben Sie am besten schon von klein auf, aber bitte mit viel Geduld. Junge Katzen lieben besonders bewegungsintensive Spiele, bei denen sie viel laufen und springen können. Außerdem finden sie alle Arten von Versteckmöglichkeiten, wie Papprollen, Papiertüten, große Stiefel oder Taschen äußerst attraktiv.

Spielen mit Senioren

Der Spieltrieb hält bis ins hohe Alter an. Auch eine gesunde Seniorenkatze ist noch gerne zum Spiel bereit. Allerdings lässt sie es dabei ruhiger angehen. Wilde Haschmich-Spiele sind meist nicht mehr ihre Sache. Sie wirkt besonnener, ernster, »vergeudet« ihre Kräfte nicht umsonst. Wählen Sie mehr Fang- und Hakelspiele aus,

---

TIPP

Geschicklichkeit und Intelligenz trainieren

Es macht viel Spaß, mit der Katze kleine Kunststücke einzuüben, sie über ein Brett oder ein dickes Seil balancieren zu lassen oder ihr andere Aufgaben zu stellen (→ Seite 56/57). Dabei wird einerseits ihre Geschicklichkeit trainiert und andererseits auch die Intelligenz gefördert. Überhaupt scheinen solche Katzen besonders intelligent zu sein, die bereits in ihrer Kindheit viele Anreize erfahren haben, oft in die Hand genommen wurden und die Gelegenheit hatten, ganz unterschiedliche Spiele kennen zu lernen. Probieren Sie mit Ihrer Katze öfter etwas Neues aus! Anregungen dafür finden Sie ab Seite 45.

---

bei denen die Katze schnell mit viel Geschicklichkeit die »Beute« fassen kann, sonst verliert sie womöglich die Lust. Wechseln Sie das Spielzeug öfter. Beziehen Sie sie immer wieder auch in Ihre täglichen Routinetätigkeiten ein und sprechen Sie viel mit ihr. Manche ältere Wohnungskatze müssen Sie öfter zum Spiel animieren. Damit sie fit bleibt, sollten Sie mindestens eine Stunde täglich mit ihr spielen, zusätzlich zu intensiven Schmusestunden, die gerade Senioren sehr genießen.

Aktivitäts- und Ruhephasen beachten

Auch wenn die Katze perfekt für körperliche Höchstleistungen ausgerüstet ist, so doch immer nur für kurze Anstrengungen. Zwar hat sie einen hohen Bewegungsdrang, aber sie ist kein Dauerläufer. Bevorzugte Tätigkeiten aller Kat-

zen sind das Dösen, Beobachten, Sonnenbaden und Schlafen. Es ist wichtig, dass wir ihnen die notwendige Ruhe gönnen. Aus dem Tiefschlaf gerissen, wird keine Katze gerne spielen und sogar ziemlich ungnädig reagieren. Aber wenn wir sie nur beim Dösen stören, ist sie wahrscheinlich schnell bei der Sache.

Liegt die Hauptaktivitätsphase der Katze normalerweise besonders in den Stunden der Morgen- und Abenddämmerung und der Nacht, so passt sich die Hauskatze recht problemlos dem Familien-Zeitplan an. Sie spielt dann genauso gerne tagsüber und ruht nachts.

Die Tagesaktivitäten einer Auslaufkatze sehen addiert ungefähr so aus: Sie verbringt etwa zehn Stunden mit Schlafen, fünf bis sechs

Kleine Katzen spielen fast immer begeistert mit – auch wenn sie eigentlich müde sind.

Stunden mit Ruhen, Dösen, Schmusen und in der Sonne liegen, drei bis vier Stunden mit Katzenwäsche, drei bis fünf Stunden geht sie auf die Pirsch, jagt und spielt, ein bis zwei Stunden verbringt sie mit Bummeln, Spazierengehen, Bekannte besuchen, rund eine halbe Stunde braucht sie zum Essen und Trinken.

Eine Wohnungskatze dehnt die Ruhephasen in Abhängigkeit von ihrem Alter und ihrer Persönlichkeit sehr oft noch weiter aus. Außerdem gibt es natürlich noch erhebliche rassetypische Unterschiede.

Gesundheitszustand beachten

Voraussetzung für ein ausgelassenes Spiel ist natürlich, dass die Katze gesund ist. Wenn sie über einen längeren Zeitraum nicht zum Spielen zu animieren ist und nur lustlos in einer Ecke kauert, dann stimmt etwas nicht mit ihr. Besonders ältere Katzen haben manche schweren Leiden, wie Leber- oder Nierenerkrankungen, die lange im Verborgenen bleiben, oder schmerzhafte Gelenke, die ihnen die Freude an der Bewegung nehmen. Auch eine verwurmte oder verflohte Katze ist meist nicht zum Spielen aufgelegt, weil sie sich nicht wohl fühlt. Aber auch jüngere Katzen können erkranken. Lustlosigkeit beim Spiel ist dann oft eines der ersten Anzeichen dafür, dass sie Schmerzen und/oder Fieber haben.

Hinweis: Gehen Sie bitte möglichst schnell zum Tierarzt, wenn Ihr sonst spielfreudiger Stubentiger sich auffällig verhält. Sollte sich herausstellen, daß Ihre Katze an einer Erkrankung leidet, dann sprechen Sie bitte mit dem Arzt ab, in welchem Umfang Sie sie belasten dürfen. Oft tut ein moderates Training gut und hilft bei der Gesundung.

Die richtige Belohnung

Mit Hilfe von Leckerchen zur Belohnung können Sie manchen Erziehungsprozess erleichtern und auch das Einüben von Kunststückchen vereinfachen. Aber gewöhnen Sie sich bitte nicht an, Ihrer Katze immerzu irgendwelche Leckereien zu geben. Einerseits ist das Risiko groß, dass Sie sie dabei überfüttern, andererseits wird sie Ihren Wünschen dann womöglich nur

noch gegen Leckerlis nachkommen. Setzen Sie diese Art der Belohnung bitte nur sparsam ein. Belohnen können Sie Ihre Katze nämlich auch anders: zum Beispiel mit Lob, ausgiebigen Streicheleinheiten, intensiver Beschäftigung, einem interessanten Spiel oder einem neuen Spielzeug. Auch der Spaziergang an der Leine kann als Belohnung genutzt werden.

Am Anfang gelingt es jedoch meist mit begehrten Naschereien am besten, Ihre Katze dazu zu bewegen, etwas Bestimmtes zu tun. Setzen Sie den Leckerbissen aber nie als einzige Belohnung ein, sondern immer gleichzeitig mit einem Lob oder Streicheleinheiten. Allmählich können Sie dann die Leckerbissen durch lobende Worte, Kraulen und Spiele ersetzen. Ziel ist, dass die Katze allein auf Ihre Anforderung hin zu Ihnen kommt, ein Kunststückchen ausführt oder unerwünschte Handlungen unterlässt.

Geeignete Leckerbissen: Es gibt wohlschmeckende Vitamin-Mineralstoff-Tabletten (erhältlich im Fachhandel und bei Tierärzten). Aber auch Bröckchen vom üblichen Trockenfutter werden gerne genommen. Darüber hinaus sind natürlich auch ein Stückchen Käse, Fleisch, Fisch, Ei oder ein Trockenfisch heißbegehrte Happen.

In diesem »Cat-Track« rollt der Ball sehr schnell, ohne herauszufallen.

Katzen fühlen sich in Menschen-Wohnungen grundsätzlich wohl. Damit sie sich aber auch ausreichend austoben und artgerecht beschäftigen können, ohne Unfallrisiko und ohne dass darunter die Menschen leiden müssen, sind einige Einrichtungsgrundsätze zu beachten.

Die Wohnung spielsicher machen

Kippfenster: Zu den größten Gefahren gehört zweifellos das Kippfenster. Die Katze glaubt, sie käme durch den Öffnungsspalt nach draußen, springt, rutscht ab, bleibt hängen und gerät mit dem Hals oder Bein immer tiefer hinein, je mehr sie sich abmüht, herauszukommen. Schon viele Katzen haben sich auf diese Weise elend erdrosselt. Der Fachhandel bietet einfach zu montierende Kippfenster-Sicherungen an.

Offene Fenster und Balkone: Frische Luft und Sonne sind auch für Katzen lebensnotwendig. Vor allem Großstadtkatzen lieben es sehr, die Außenwelt vom Fenster oder Balkon aus zu beobachten. Offene Fenster und Balkone müssen in höher gelegenen Wohnungen jedoch unbedingt mit einem Katzennetz oder Draht gesichert werden (erhältlich im Zoofachhandel).

Alle Arten von »Höhlen«: Allzu gerne kriechen die Samtpfoten in Schränke und Schubladen, die nur einen Spalt weit offenstehen. Waschmaschine, Trockner, Geschirrspülmaschine, Backofen, Kühlschrank, ja selbst der Mikrowellenherd locken als interessante Verstecke. Vergewissern Sie sich daher bitte immer, ob Ihre Katze nicht drin steckt, bevor sie eine Tür schließen und ein solches Gerät einschalten.

Wasser: In einer Badewanne oder in einer großen Bodenvase können Katzen ertrinken. Am besten die jeweiligen Zimmertüren schließen oder Katze beaufsichtigen.

Heiße Herdplatten: Immer abdecken. Zu gerne springen Katzen in der Küche auf die Arbeitsflächen, um nach Essbarem zu schauen.

Rücksicht nehmen

In einer Katzenwohnung bitte nie die Musikanlage auf volle Lautstärke drehen! Das ist für das empfindliche Gehör der Katze eine Tortur. Sie sollten sich auch mit Parfüms, anderen Duftstoffen und stark riechenden Chemikalien zurückhalten, wenn die Katze keine Chance hat, Ihnen aus dem Weg zu gehen. Übrigens: Zigarettenqualm schädigt auch die Gesundheit Ihrer Katze.

Stromkabel: Lassen Sie Stromkabel nicht lose herunterhängen, manche Katzen verleitet dies dazu, im Spiel hineinzubeißen.

Haushaltsgifte: Medikamente, Waschmittel, Putzmittel, Lösungsmittel, Lacke, Farben und andere Haushaltsgifte gehören immer unter Verschluss.

Verschluckbare Kleinteile: Nähnadeln, Nähgarn, Perlen nicht herumliegen lassen. Die Katze könnte sie verschlucken.

Wollknäuel, Schnüre: Nie ohne Aufsicht damit spielen lassen. Die Katze könnte sich damit strangulieren.

Giftige Pflanzen: Achten Sie bitte darauf, dass Sie keine giftigen Gewächse wie zum Beispiel Dieffenbachia im Haus haben. Gut geeignet ist dagegen Pampasgras. Katzen spielen begeistert damit. Auch Katzengras (im Zoofachhandel erhältlich) sollten Sie Ihrer Wohnungskatze immer anbieten.

Achtung: Gefährlich ist auch, wenn eine Katze das glitzernde Lametta vom Weihnachtsbaum verschluckt. Verzichten Sie darauf, ebenso wie auf echte Baumkerzen. Die Katze könnte auf die Tanne springen und einen Brand auslösen.

Hinweis: Wertvolle Gegenstände sicherheitshalber hinter Glastüren aufbewahren. An Stellen, wo die Katze üblicherweise auf Schränke oder Regale springt, Bücher am besten flach hinlegen statt aufstellen.

Spiellandschaft einrichten

Kratz- und Kletterbaum: Was Sie zur Schonung Ihrer Wohnungseinrichtung und zur Freude Ihrer Katze unbedingt anschaffen sollten, ist ein am besten mehrstöckiger Kratz- und Kletterbaum, den der Fachhandel in vielen Variatio-

nen anbietet (→ Zeichnung). Er wird mit Spielzeug wie einem Ball oder einem dicken Tau ausgestattet. Aussichtsplattformen laden zum Klettern, Verweilen und Beobachten ein. In die erhöht platzierte Kuschelhöhle (Zoofachhandel) ziehen sich Katzen gerne zum Schlafen zurück. Auf dem gesicherten Balkon können Sie zusätzlich einen standsicheren Kletterbaum aus Naturholz errichten.

»Katzenpfad«: Über den Sessel, die Wandbretter, das Regal und den Kratzbaum bis hin zum verbreiterten Fensterbrett führt der Katzenpfad, den die Kletterkünstlerin auf ihren täglichen Streifgängen abläuft (→ Zeichnung). Ein bevorzugter Ruhe- und Beobachtungsort ist der geschützte Platz im Bücherregal, mit guter Übersicht über den Raum. Der gesicherte Balkon schafft Abwechslung im Leben einer Wohnungskatze.

In dieser Wohnung fühlt sich eine Katze wohl. Kratz- und Kletterbäume werden mit Sitzbrettern, Kuschelhöhlen und Spielzeug noch interessanter.

Nicht alle Katzen spielen gleich

Katzen sind Individualisten. Keine gleicht der anderen. Entsprechend unterschiedlich sind auch ihre Vorlieben, ihre Spielgewohnheiten und ihre Intelligenz. Was die eine total begeistert, lässt die andere völlig kalt. Probieren Sie deshalb verschiedenes Spielzeug aus und entdecken Sie zusammen mit Ihrer Katze neue Spiele, die zu ihrem Wesen passen.

Rassenunterschiede

Wenn Sie eine Hauskatze im Alter von zwei bis drei Monaten bekommen, können Sie nur schwer vorhersehen, ob sie sich zu einem temperamentvollen Energiebündel oder eher zu einer ruhigeren Vertreterin ihrer Art entwickelt. Bei Rassekatzen dagegen sind nicht nur große äußerliche Unterschiede zu erkennen. Auch bestimmte Charaktereigenschaften sind für manche Rassen sehr typisch. Sie beeinflussen das Spielverhalten erheblich.

Perserkatze: Im Allgemeinen ist sie eine ausgesprochen zurückhaltende, eher bedächtige und freundliche Katze. Ihr Bewegungsdrang und ihr Jagdtrieb sind nicht besonders stark ausgeprägt, so dass sie gut in der Wohnung gehalten werden

kann. Sie zum Spielen zu animieren ist manchmal gar nicht so leicht. Man hat fast den Eindruck, als wolle sie sich in ihrer Würde nicht mit läppischen Spielchen abgeben. Wilde Verfolgungsjagden über Tische und Schränke sind nicht ihre Sache. Trotzdem braucht der Perser für seine Gesunderhaltung ausreichend Bewegung. Wir müssen uns viel Zeit für seine Beschäftigung und Pflege nehmen.

Kartäuser (British Kurzhaar): Sie zählt ebenfalls zu den ruhigeren und ausgeglicheneren Katzentypen. Auch sie ist nicht aufdringlich und bevorzugt eher eine gewisse Unabhängigkeit. Sie liebt Streifzüge im Freien und ist ein kräftiger, robuster Jäger, gleichzeitig aber sehr kinderlieb und verschmust. Als reine Wohnungskatze braucht die Kartäuser viele Spielanregungen. Am besten lebt sie in einer Familie.

Exotic Kurzhaar: Sie ist sanft, gutmütig und ruhig, eine Art Perser mit kurzem Fell.

Europäisch Kurzhaar: Sie entspricht in Wesen und Aussehen praktisch unserer Hauskatze. Ihr Spielverhalten ist ebenso verschieden und oft geprägt von der Umgebung, in der sie lebt.

Colourpoint und Heilige Birma: Sie sind als Wohnungskatze gut geeignet. Beide sind sehr menschenbezogen, kinderlieb, ungern allein, ausgeglichen und sanft, aber nicht langweilig, und spielen gerne, auch mit anderen Tieren.

Siamkatze: Sie ist ein anspruchsvolles Energiebündel, das sehr viel Zuwendung von ihrem Menschen fordert, ihr Spiel ist wild und leidenschaftlich. Sie will jedoch nicht nur spielen, sondern sich auch mit ihrem Menschen unterhalten, am liebsten den ganzen Tag. Anhänglich wie keine andere Katze, ist sie zudem gut daran zu gewöhnen, an der Leine spazieren zu gehen.

Ein Haus aus Zeitungspapier ist ein tolles Versteck für kleine Katzen.

Sie ist für fast alle Spiele zu begeistern, Hauptsache ihr Mensch ist mit dabei. Sie braucht umfangreiche Schmusestunden.

<u>Orientalisch Kurzhaar und Braune Havanna:</u> Sie sind ähnlich temperamentvoll und spiellustig und mit der Siamesin eng verwandt. Auch sie fordern sehr viel Zuwendung und geben unendliche Zuneigung.

<u>Balinese und Javanese:</u> Diese halblanghaarigen Rassen, die von der Siamkatze bzw. der Orientalisch Kurzhaar abstammen, sind genauso temperamentvoll, spielfreudig und äußerst anhänglich. Sie gelten als einfallsreich und intelligent und haben einen großen Bewegungsdrang. Falls Sie berufstätig sind, benötigen sie einen Spielpartner und viele Klettermöglichkeiten.

Katzenangeln mit Federn sind beliebt. Meistens lebt dieser »Vogel« aber nicht lange.

<u>Burma-Katze:</u> Sie ist ebenfalls sehr auf den Menschen bezogen und daher nie gerne allein. Im Spiel ist sie lebhaft, aber nicht wild, zugleich sanft und durchsetzungsstark. Wenn Sie Ihr genügend Spielmöglichkeiten zur Verfügung stellen und sie ausgiebig beschäftigen, braucht sie nicht unbedingt Freilauf.

<u>Russisch Blau:</u> Eine sehr zurückhaltende, sanftmütige, freundliche und anhängliche Katze, ähnlich wie die Korat. Beide spielen ausgelassen, sind aber weniger für einen turbulenten Haushalt geeignet.

Test: Welcher Spieltyp ist meine Katze?

Aufgabe	Verhalten der Katze	Punktzahl
Legen Sie eine große Papiertüte auf den Boden (am besten mit Henkel). Gehen Sie dann zur Seite und beachten Sie Tüte und Katze nicht weiter.	a) Die Katze beschnuppert die Tüte neugierig, kriecht hinein, schiebt sie über den Boden und spielt wild damit. b) Sie beschnuppert die Tüte neugierig, tippt sie vorsichtig mit der Pfote an und guckt unschlüssig. c) Sie geht an der Papiertüte vorbei und beachtet sie nicht weiter.	a) 5 Punkte b) 2 Punkte c) 0 Punkte
Knüllen Sie ein Stück raschelndes Papier zusammen, wenn Ihre Katze in der Nähe ist, und lassen Sie es auf den Boden fallen.	a) Die Katze wird sofort aufmerksam, wenn Sie rascheln, und kommt. Sie fordert Sie maunzend auf, ihr die »Beute« zu geben, springt ihr gleich hinterher und spielt mehrere Minuten allein damit. b) Die Katze geht hin, stößt das Bällchen mit der Pfote an, spielt kurz damit, wartet dann aber, bis Sie es erneut werfen. c) Sie guckt dem Bällchen hinterher, hat aber gerade etwas Wichtigeres vor.	a) 5 Punkte b) 3 Punkte c) 0 Punkte
Sie ziehen eine Spielmaus an einer Schnur hinter sich her und über ein Hindernis (zum Beispiel einen Tisch), ohne sie der Katze zu überlassen.	a) Die Katze entdeckt die Spielmaus schnell, läuft hinterher und folgt ihr auch über das Hindernis. b) Die Katze interessiert sich für die »Beute«, will sie fangen, bleibt jedoch vor dem Hindernis stehen. c) Sie interessiert sich dafür, läuft hinterher, lässt aber davon ab, wenn sie merkt, dass sie sie nicht so leicht fangen kann.	a) 5 Punkte b) 2 Punkte c) 1 Punkt
Spielen Sie mit Ihrer Katze mit einem interessanten Spielzeug. Nehmen Sie es ihr dann weg und legen Sie es vor ihren Augen auf einen erhöhten Platz.	a) Die Katze springt dorthin, holt das Spielzeug herunter und spielt damit. b) Sie schaut ihnen zu und wartet darauf, dass Sie ihr das Spielzeug zuwerfen. c) Sie interessiert sich nicht mehr dafür.	a) 5 Punkte b) 2 Punkte c) 0 Punkte

Testauflösung

<u>15 bis 20 Punkte:</u> Ihre Katze ist sehr spielfreudig. Sie ist sehr aufmerksam und begreift schnell. Falls Sie sie nur im Haus halten, braucht sie sehr viel Beschäftigung. Sie werden viel Spaß mit ihr haben.
<u>6 bis 14 Punkte:</u> Ihre Katze ist spielfreudig, aber eher zurückhaltend und vorsichtig. Sie ist Ihnen sehr eng verbunden.
<u>1 bis 5 Punkte:</u> Ihre Katze ist eher ein ruhiger Typ, der sich für Spiele nicht (mehr) so begeistert. Oder sie hat viel Freigang und tobt sich draußen aus.

Verschiedene Katzenpersönlichkeiten

Sosehr sich die Charaktere der verschiedenen Rassen unterscheiden, so weit reicht die Skala der Wesenszüge bei Hauskatzen. Da gibt es sanftmütige, zurückhaltende, übermütige, wilde, anhängliche, unabhängige, kämpferische, ruhige, temperamentvolle, scheue, neugierige, freche und ängstliche Katzen. Manche haben das Temperament einer Siamkatze, andere verkörpern eher die stoische Ruhe einer Perserkatze. Es bleibt uns nichts anderes übrig, als uns im Spiel auf die jeweilige Persönlichkeit einzustellen. Aber wir können träge Typen zu Spielen ermuntern, für Übermütige genügend Ausgleich schaffen und Kämpferische besänftigen.

<u>Somali:</u> Sie ist sanftmütig, aber im Spiel sehr ausdauernd und temperamentvoll, braucht viel Bewegungsspielraum und sollte eine größere Wohnung mit Balkon oder Garten zur Verfügung haben.
<u>Abessinierkatze:</u> Sie wünscht viel Zuwendung, spielt und schmust gerne, ist intelligent und gelehrig. Als gute und leidenschaftliche Jägerin bevorzugt sie ein Haus mit Garten.
<u>Maine Coon und Norwegische Waldkatze:</u> Beide Rassen werden besser als Auslaufkatzen gehalten, weil sie überaus freiheitsliebend sind. Sie sind außerdem sehr unternehmenslustig, aktiv und klug, spielen gern und haben eine Menge Tricks auf Lager, um ihre Menschen zu beschäftigen.
<u>Türkische Van:</u> Ihr Spiel ist wild, gleichzeitig ist diese Katze anhänglich und will nicht allein sein. Sie fühlt sich in einer kleinen Wohnung nicht wohl und sollte Freigang haben.

Katzen sind gar nicht so wasserscheu. Mit dem dünnen Rinnsal aus dem Wasserhahn spielen sie sehr gerne. Manche sind ganz gierig danach, aus dem Hahn zu trinken.

Manche Katzen spielen nicht

Wenn Katzen sich für gar keine Spiele begeistern können, ist das meist ein Zeichen von Krankheit oder erheblichem Übergewicht. Der Spieltrieb ist Katzen angeboren und bleibt normalerweise das ganze Leben über erhalten. Es gibt aber Katzen, zumindest Kater, die völlig gesund sind, sich aber als gesetzte Erwachsene durch nichts dazu hinreißen lassen würden zu spielen. Völlig verständnislos schauen sie einen an, als hielten sie solches Tun für albernen Kinderkram. Würdevoll schreiten sie ihr Revier ab, schlagen jeden Konkurrenten allein durch ihren Anblick in die Flucht und lassen sich nur hin und wieder dazu herab, von ihrem Menschen ein paar Streicheleinheiten entgegenzunehmen.

Frei hängendes Spielzeug ist für manche Katze eine besondere Herausforderung.

Hinweis: Manche einzeln gehaltenen und kastrierten Wohnungskatzen neigen dazu, sich mit zunehmenden Jahren immer weniger zu bewegen und gleichzeitig viel zu viel zu fressen. Je dicker sie werden, umso weniger wollen sie spielen. Am Ende können sie kaum mehr laufen. Hier hängt es von Ihrer Initiative ab, die Katze zu mehr Aktivität zu animieren und sie so gesund zu erhalten. Zeigt Ihre Katze kein Interesse am Spiel, gehen Sie mit ihr spazieren und versuchen es eventuell mit einer anderen Katze oder einem Hund als Spielgefährten.

Spielen mit Problemkatzen

Nicht immer verläuft das Zusammenleben von Katze und Mensch völlig ungetrübt. Zu Problemen kann es kommen, wenn die Katze aggressiv, eifersüchtig, scheu oder ängstlich ist. In vielen Fällen hilft schon große Geduld, Konsequenz und die intensive Beschäftigung mit ihr. Aggressivität zum Beispiel entsteht oft aus einem Erregungsstau, der ein Ventil braucht. In turbulenten Spielstunden kann die überschüssige Energie am besten entladen werden. Aber auch in großer Angst kann eine Katze aggressiv reagieren. Und wenn sie ihre Angst verloren hat, wird sie zum sanften Schmusekätzchen.

Scheue Katzen eingewöhnen

Scheue Katzen haben schlechte Erfahrungen mit Menschen gemacht oder hatten in ihrer Kindheit keinen Kontakt zu Menschen. Versuchen Sie nie, eine scheue Katze einzufangen, sondern gehen Sie nach folgendem Plan vor:
1. Stufe: Die Katze hat sich unter ein Bett oder einen Schrank geflüchtet. Lassen Sie sie dort und beachten Sie sie nicht. Stellen Sie Futter, Wasser und Katzenklo in die Nähe ihres Verstecks. Lassen Sie sie für mehrere Stunden allein. Später kommen Sie wieder und beschäftigen sich mit etwas, ohne Notiz von der Katze zu nehmen. Wenn möglich, schlafen Sie auch in diesem Zimmer. Das beruhigt Katzen sehr.
2. Stufe: Stellen Sie am nächsten Morgen mit aufmunternden Worten frisches Wasser und Futter hin und reinigen Sie das Katzenklo. Lugt die Katze aus ihrem Versteck hervor, versuchen Sie nicht, sie anzufassen. Lassen Sie sie wieder für einige Zeit

allein. Kehren Sie dann mit einem Spielzeug zurück, das Sie an einer langen Schnur langsam hinter sich herziehen. Nach einer Weile binden Sie die Schnur mit dem Spielzeug an einer Stuhllehne so fest, dass es in Sichtweite der Katze knapp über dem Boden baumelt. Machen Sie es sich wieder gemütlich und bleiben Sie sitzen, wenn sich die Katze für das Spielzeug interessiert.
3. Stufe: Versuchen Sie den Angsthasen mit einem dünnen Zweig mit beweglicher Spitze oder einer Reitgerte aus dem Versteck zu locken, indem Sie in der Nähe das Spielzeug hin und her bewegen und langsam um eine Ecke herum verschwinden lassen.
4. Stufe: Irgendwann wird sich die Katze Ihnen vorsichtig nähern. Berühren Sie sie erst dann ganz sanft, wenn sie von sich aus Körperkontakt sucht. Das kann Tage oder Wochen dauern.
5. Stufe: Bieten Sie ihr Leckerbissen aus der Hand an. Locken Sie sie immer wieder und spielen Sie mit ihr, ohne sie dabei zu erschrecken.
6. Stufe: Jetzt bleibt die Zimmertüre offen, damit sie langsam ihr neues Heim kennenlernt.
Hinweis: Lassen Sie öfter mal das Radio laufen, damit sich die Katze an menschliche Stimmen gewöhnt. In extremen Fällen kann auch ein zahmes Jungkätzchen der Scheuen zeigen, dass sie keine Angst vor Menschen haben muss.

Körbe aller Art sind äußerst beliebte Katzenverstecke.

Mit Hilfe von Spielen können Sie Ihrer Katze manches unerwünschte Verhalten abgewöhnen. Aber seien Sie konsequent: Was Sie ihr sonst verbieten, darf auch im Spiel nicht erlaubt sein.

Auf den Namen hören

Sprechen Sie die Katze immer mit ihrem Namen an und rufen Sie sie zum Spielen, Schmusen, oder Fressen immer in angenehmem Tonfall. Wenn die Katze dann auf Ruf kommt, wird sie ausgiebig gelobt. Schimpfen Sie sie nie mit ihrem Namen aus, damit sie nichts Negatives damit verbindet.

Mit vorhandenen Haustieren vertraut machen

Im gemeinsamen Spiel mit anderen Tieren – ob Artgenossen, Hunde oder Kaninchen – sind gegenseitige Ängste, Aggressionen und

Kätzchen eingewöhnen

Wahrscheinlich sucht das Kätzchen in seiner neuen Umgebung erst einmal Deckung unter dem Sofa oder einem Schrank. Lassen Sie ihm Zeit, sein neues Heim aus diesem Versteck heraus zu beobachten. Futter, Wasser und Toilette sollten in der Nähe bereitstehen. Nach einigen Stunden können Sie das Kleine mit

Bald wird die Feder das Kätzchen hervorlocken.

einem Spielzeug hervorlocken, vielleicht mit einem Wollknäuel oder einer Katzenangel. Beschäftigen Sie sich am Anfang viel mit ihm und lassen Sie es auch nachts nicht alleine. Ihm fehlen Mutter und Geschwister. So werden Sie schnell zur neuen Bezugsperson.

Ein junges Kätzchen kann an ein Kaninchen gewöhnt werden.

Ein Spielzeug hilft, die Katze an den Kratzbaum zu gewöhnen.

Eifersucht am einfachsten zu überwinden. Hunde und Katzen interessieren sich gleichermaßen für wegrollende Bälle oder andere bewegliche Spielzeuge. Beim Versuch, die »Beute« zu fangen, kommen sie sich schnell näher. Schwieriger ist die Gewöhnung an ein Kaninchen oder Meerschweinchen, das natürlich wegläuft, wenn das Kätzchen sich nähert. Hier brauchen Sie viel Geduld. Nehmen Sie das Kaninchen auf den Schoß und lassen Sie das Kätzchen mit ihm vorsichtig Bekanntschaft schließen. Bieten Sie beiden gemeinsam jeweils ihr Lieblingsfutter an (→ auch Seite 23).

Spielzeug für Katzenkrallen

Viele Samtpfoten nutzen vorzugsweise die besten Polstermöbel oder den guten Teppich zum Krallenschärfen. Verbote nutzen gar nichts, solange die Katze keine Alternative hat. Bieten Sie ihr einen richtig schönen Kratzbaum, ein Kratzbrett, einen Kratzpfosten oder einen Kratzteppich an. Steht das Kratzmöbel noch an einem »strategisch günstigen« Fleck, an dem die Katze auf ihren Streifzügen durch die Wohnung vorbeikommt, wird es wahrscheinlich auch angenommen. Catnip-Spray erhöht die Anziehungskraft.
Beachtet die Katze trotz allem die Kratzgelegenheit nicht, hilft ein kleiner Trick: Ziehen Sie ein Lieblingsspielzeug an einer Schnur langsam den Kratzbaum oder das Kratzbrett hoch und animieren Sie sie dazu, die »Beute« zu fangen und dabei ihre Krallen in das Kratzmöbel zu schlagen (→ Zeichnung oben). Spielen Sie eine Zeitlang nur an dem gewünschten Kratzobjekt. Falls sich die Katze doch noch einmal an einem Möbelstück vergreift, seien Sie konsequent: ein lautes »Nein« und die Katze an den richtigen Kratzplatz tragen. Notfalls hilft ein überraschender Wasserstrahl aus einer Sprühflasche oder Wasserpistole.

Gardinenklettern abgewöhnen

Gardinen verlocken zum Klettern. Eventuell müssen Sie sie sogar vorübergehend hochbinden oder abnehmen. Schaffen Sie eine Alternative: Hängen Sie einen Sack oder ein Stück Jutestoff so auf, dass es bis zum Boden reicht. Wenn Ihre Katze an die Gardine springt, nehmen Sie sie weg und setzen Sie sie zu dem Sack. Animieren Sie sie dazu, in den Stoff zu springen und daran hochzuklettern.

Gardinen aus grobem Stoff verführen Katzen zum Klettern.

LUSTIGE KATZENSPIELE

Mitreißende Katzenspiele zu erfinden ist nicht schwer. Wer seine Katze aufmerksam beobachtet, wird sicher mit ihr zusammen auf viele gute Spielideen kommen. Abwechslungsreiches Spielzeug hilft dabei, dass auch für Wohnungskatzen keine Langeweile aufkommt.

Geeignetes Spielzeug

Spielfreudigen Katzen genügt oft schon ihr eigener Schwanz, ein Blatt vom Baum oder ein herabhängendes Stück Schnur, um in ein wildes Haschmich zu verfallen. Alles, was sich bewegt, erregt sofort ihre Aufmerksamkeit. Aber es gibt natürlich noch viel interessanteres Spielzeug und spannende Spiele, von denen Katzen total begeistert sind.

Was Katzen alles interessiert

Gut geeignet ist alles, was dem Beuteschema entspricht und den Jagdtrieb entfacht. Das bedeutet, es sollte beweglich sein, zucken, zappeln, springen, rollen oder fliegen. Besonders interessant sind knisternde, raschelnde oder fiepende Objekte. Schließlich könnte das eine Maus sein! Wenn das Spielzeug noch dazu weich ist, kann die Katze ihre Krallen und Zähne hineinschlagen.
Die professionellen Mäusejäger tragen ihre Beute gerne weg. Deshalb sollte sich das Spiel-

Spielzeug, das sich bewegt und noch dazu echtes Fell hat, ist besonders attraktiv.

zeug auch verschleppen lassen, also nicht zu schwer oder groß sein und gut mit den Zähnen zu packen.
Katzen lieben Höhlen. Darin können sie sich einerseits verstecken und andererseits nach Beutetieren suchen, die die Höhle als Versteck nutzen. So steigert auch Spielzeugbeute, die in einer Höhle verschwindet und herausgeangelt werden kann, das Jagdfieber enorm.
Wundern Sie sich nicht, wenn die Katze nach einiger Zeit trotzdem plötzlich die Lust verliert, die »Beute« links liegen lässt und weggeht. Das liegt nicht am Spielzeug, sondern gehört zu ihrem natürlichen Verhalten. Der Jagdeifer erlischt, wenn die Katze wenig Aussicht auf Erfolg sieht. Deshalb müssen Sie Ihrem kleinen Raubtier zwischendurch immer wieder die Chance geben, die Spielzeugbeute zu erhaschen und hochzuwerfen.

Spielzeug aus dem Fachhandel

Der Fachhandel hält eine große Palette sehr attraktiver Katzenspielzeuge bereit, die gut auf die Bedürfnisse von Katzen abgestimmt sind.
✔ Da gibt es Fell- und Pelzmäuse in allen Variationen und Größen, mit kurzen und mit langen Haaren, in mehreren Farben, zum Aufzie-

TIPP

Gewöhnung an die Leine

Wenn Sie Ihrer Katze keinen Auslauf gewähren können, weil Sie vielleicht in einer verkehrsreichen Gegend wohnen, haben Sie trotzdem die Möglichkeit, mit ihr an die frische Luft zu gehen und ihr die nötige Bewegung zu verschaffen, indem Sie sie an die Leine nehmen (→ PRAXIS Fitness, Seite 58).

Machen Sie Ihre Katze so früh wie möglich mit Brustgeschirr und Leine vertraut (im Zoofachhandel erhältlich). Umso eher wird sie bereit sein, diesen ungewohnten Zwang zu akzeptieren. Legen Sie ihr zuerst nur für wenige Minuten das Brustgeschirr an und verbinden Sie dies gleichzeitig mit angenehmen Dingen wie Leckerchen, Spielen oder Schmusen. Steigern Sie dann täglich die Zeit etwas.

Nach rund einer Woche können Sie die Leine einhängen und die Katze dazu animieren, vorwärts zu gehen, am besten mit Hilfe von Leckerbissen. Steigern Sie die Übungszeit täglich, immer verbunden mit angenehmen Erlebnissen und Lob.

Dann gehen Sie mit der Katze ein paar Schritte vor die Tür und lassen ihr ausgiebig Zeit, alles wahrzunehmen. Es ist normal, dass sie zunächst Deckung sucht und rückwärts gehen will. Sie sollte gerade in der ersten Zeit nicht erschrecken und keine negativen Erfahrungen an der Leine machen. Vermeiden Sie deshalb jedes Zusammentreffen mit einem fremden Hund und lauten Autoverkehr. Allmählich dehnen Sie diese Ausgänge immer weiter aus.

hen, mit Stimme, mit Glöckchen, mit Quietscher, mit buschigen Schwänzen oder mit Federn. Manche stecken in einem Gitterball, andere sind mit Catnip getränkt. Mit diesem Duftstoff, gewonnen aus der Katzenminze, können Spielzeuge oder bestimmte Plätze in der Wohnung für eine Katze äußerst anziehend gestaltet werden. Zum Beispiel sind mit Catnip gefüllte Säckchen sehr beliebt. Manche Katzen geraten regelrecht in einen Sinnesrausch, wenn sie Katzenminze riechen. Ähnliche Begeisterung löst Baldrian aus.

✔ Ein Hit in Katzenaugen sind die so genannten »Katzenangeln« - oft unter der Bezeichnung »Kitty-Dangler« angeboten: Das ist ein Stab mit einer langen Gummischnur, an deren Ende eine Fellmaus tanzt. Mit solch einer Angel ist die Katze zu den tollsten Jagdsprüngen zu animieren. Auch Federstäbe oder Federangeln mögen viele sehr.

✔ Für Stubentiger, die häufig allein sind, gibt es Spielmäuse an langen Gummibändern, die mit Hilfe einer Klemme oben im Türrahmen zu befestigen sind. Ähnliche Zwecke erfüllen alle Arten von aufgehängten Bällen oder Federbüscheln, die man auch gut am Kratzbaum anbringen kann.

✔ Unter den Bällen bevorzugen die meisten Katzen die weichen Softbälle, in die sie ihre Krallen schlagen können. Attraktiv sind aber auch Bälle mit einem asymmetrischen Schwerpunkt, denn sie wackeln und rollen in unvorhersehbaren Bahnen. Außerdem gibt es Bälle mit Löchern, in die Leckerchen gefüllt werden können. Die Katze ist lange damit beschäftigt, die begehrten Bissen herauszuholen.

✔ Zum Schärfen der Krallen verlocken Sisalbälle, Sisalmäuse und alle möglichen anderen Figuren, bis hin zu Sisalkratzplatten, Sisalstämmen, Kratzmatten, Kratzbrettern und Kratzbäumen in allen Größen.

In jeder Wohnung findet sich Katzenspielzeug

Schauen Sie sich ein wenig in Ihrer Wohnung um, und Sie werden sicher eine ganze Menge finden, was sich auch gut als Katzenspielzeug eignet.

✔ Ein Stück knisterndes oder raschelndes Papier oder eine dünne Alufolie, zusammengeknüllt zu einem Bällchen, interessiert fast jede Katze.

✔ Altbewährt ist auch der Korken, der an einer langen Schnur herumfliegt oder ruckweise um die Ecke gezogen wird. Ebenso eignet sich anstelle des Korkens eine leere Garnrolle oder ein Stofffetzen.

✔ Schraubverschlüsse von Flaschen lassen sich gut mit schepperndem Klang über einen glatten Boden kicken.

✔ Tischtennisbälle jagen manche Katzen mit großem Geschick durch die ganze Wohnung.

✔ Natürlich hat auch das gute alte Wollknäuel nichts von seiner Attraktivität verloren. Katzen legen sich damit auch gerne auf die Seite und bearbeiten es wild entschlossen mit Krallen und Zähnen, ebenso wie fest zusammengerollte Strümpfe. Ein mehrfach verknotetes Taschentuch erfüllt denselben Zweck.

✔ Stricke, Schnüre, Papprollen, Film-

dosen, Knöpfe, Federbälle oder sogar trockene Spiralnudeln und Nüsse lassen sich ebenfalls vorzüglich zum Spielzeug umfunktionieren.

✔ Eine Zeitung, zusammengefaltet als Dach, dient als prima Versteck und wird von manchen Katzen über dem Rücken in der ganzen Wohnung herumgetragen.

✔ Eine leere Kosmetiktuch-Schachtel, in die ein kleiner Ball gelegt wurde, reizt die Katze zu ausgiebigen Angelversuchen.

✔ Ähnlich interessant ist ein alter Schuh. Auch hier ist es schwer, einen Ball oder eine Kugel herauszufischen.

✔ Viele Katzen lassen sich von Stricken, Seilen, Schnüren oder dünnen Gürteln begeistern, die von Schubladen oder Türgriffen herunterbaumeln. Richtig interessant wird es erst, wenn der Strick ausgefranst ist.

✔ Manche Katzen können keinem geöffneten Wasserhahn widerstehen und versuchen den dünnen Wasserstrahl zu erhaschen.

Ein Löcherkarton ist ein höchst interessanter Spielplatz, nicht nur für kleine Katzen.

Spielzeug raffiniert einsetzen

Ihrer Phantasie sind keine Grenzen gesetzt, wenn Sie sich Beschäftigungsmöglichkeiten für Ihre Katze überlegen. Kombinieren Sie ruhig einmal mehrere Spielsachen in einem Spiel.

✔ Katzen interessieren sich ganz besonders für alle Arten von Höhlen und Schlupflöchern. Solche Verstecke sind einfach herzustellen aus Kartons und Schachteln in allen Größen. Wenn Sie verschieden große Löcher hineinschneiden, kann Ihr Vierbeiner durchschlüpfen oder mit der Pfote hindurchangeln. Verstecken Sie vorher noch eine Spielzeugbeute darin, wie zum Beispiel eine Fellmaus mit Glöckchen, und spielt sogar noch ein Artgenosse mit, wird sich ein turbulentes Hakel- und Fangspiel entwickeln.

Ob ich dem Ding auch so tolle Töne entlocken kann?

✔ Manche Katzen lieben es, sich in besonders kleine Schachteln zu zwängen und dort einfach nur herauszuschauen. Mit einer Katzenangel, die Sie vor der Schachtel auf und ab bewegen, können Sie sie aber bald zum nächsten Spiel hervorlocken.

✔ Eine Papiertüte, die auf dem glatten Fußboden liegt, wird noch anziehender, wenn sich in ihrem Boden ein kleines Loch befindet, gerade groß genug, um die Katzennase durchzustecken. Warten Sie, bis der Haustiger hineinflitzt, und rascheln Sie zum Beispiel mit einem Federstab an der Tüte. Die Katze wird die Tüte über den Boden schieben und versuchen, auf der anderen Seite herauszukommen, um den Federstab zu erwischen. Hat sie sich so richtig ausgetobt, darf sie natürlich die Papiertüte zerfetzen.

✔ Köstlich amüsieren sich Katzen auch mit einer Spinne aus Pfeifenputzern. Dazu werden vier Pfeifenputzer kreuzweise übereinander gelegt und miteinander verschlungen. Ein fünfter Pfeifenputzer wird um die Mitte herumgewickelt, einmal unter, einmal über einem Bein, und die Enden werden als Kopf miteinander verdreht. Die Beine sollten Sie an den Enden umbiegen, um Verletzungen zu vermeiden. Zum Schluss können Sie das Gebilde in Form bringen. Solch eine Spinne können Sie an den Kratzbaum hängen oder einfach in einen Tunnel setzen. Katzen tragen sie auch immer wieder gerne in ein Versteck.

✔ Nehmen Sie eine große Spielmaus aus Sisal oder eine mit Zeitungspapier ausgestopfte Wollsocke und hängen Sie sie mit Hilfe eines Seils und eines Hakens an der Zimmerdecke oder einem stabilen Kratzbaum so auf, dass sie etwa 50 bis 70 cm über dem Boden endet. Die Katze wird begeistert daran hochspringen, schaukeln und gleichzeitig auch ihre Krallen wetzen. Besonders attraktiv wird das Spielzeug, wenn Sie es mit einem Glöckchen ausstatten. **Hinweis:** Sämtliches Spielzeug wird noch interessanter, wenn Sie es mit Catnip-Spray aus dem Zoofachhandel (→ Seite 46) einsprühen.

Gefahren beim Spielen vermeiden

Es passiert relativ selten, dass Katzen Fremdkörper aufnehmen. Deshalb ist die Gefahr, dass sie beim Spielen irgendwelche Kleinteile ver-

schlucken, nicht so groß wie bei Hunden. Trotzdem ist es sicherer, wenn Sie folgende Dinge beachten:

✔ Die Spielobjekte sollten sich nicht auflösen können oder gar aus verschluckbaren Einzelteilen bestehen.

✔ Bei den Fellmäusen und Federbüscheln ist es nicht so schlimm, wenn die Katzen sie auseinander pflücken, es handelt sich dabei um mehr oder weniger natürliche Materialien.

✔ Gefährlich könnte es werden, wenn die Katze eine kleine Kugel verschluckt. Deshalb sollten Spielbälle einen Mindestdurchmesser von 3 cm haben. Kleinere Kugeln oder Flummis verwenden Sie bitte nur unter Aufsicht.

✔ Ungeeignet als Spielzeug sind alle scharfkantigen, spitzen oder chemisch behandelten Gegenstände. Ihre Katze könnte sich daran verletzen oder vergiften.

✔ Aufpassen müssen Sie auch bei dem beliebten Wollknäuel. Wickeln sich die Fäden um den Hals der Katze, könnte sie sich damit strangulieren. Lassen Sie Ihre Katze mit Wollknäueln und Schnüren nur unter Aufsicht spielen.

✔ Auch Plastiktüten, aus denen sich Ihre Katze nicht mehr selbst befreien kann und dann womöglich ersticken müsste, dürfen Sie ihr nur in Ihrem Beisein zum Spielen lassen.

Spielst du mit mir? Ich möchte so gerne ein bisschen mit dieser Maus hier toben.

Kinder und Katzen verstehen sich im Allgemeinen prächtig. Besonders junge Kätzchen finden in Kindern begeisterte und nimmermüde Spielkameraden. Oft wissen beide intuitiv, was sie dem anderen zumuten dürfen.

So wird die Katze am besten getragen. Sie sitzt auf dem Arm, ihre Beine hängen nicht herab.

Was Kinder beim Spielen beachten müssen

Junge Kätzchen nehmen es zwar nicht gleich krumm, wenn man einmal etwas derber mit ihnen umgeht. Trotzdem sollten Kinder im Umgang mit Katzen einiges beherzigen und lernen:

✔ Katzen brauchen täglich Zuwendung und Pflege. Man kann sie nicht einfach in die Ecke stellen wie ein Plüschtier.

Katze und Baby

Beide bitte nie unbeaufsichtigt lassen. Das Baby könnte die Katze festhalten oder streicheln wollen und ihr dabei unbeabsichtigt weh tun. Sie wehrt sich, kratzt oder beißt. Katzen lieben warme Babybetten. Gefährlich wird es, wenn sich eine Katze auf Brustkorb oder Gesicht des Babys legt. Katzenklo und Futter immer außer Reichweite stellen.

✔ Beim Tragen immer ihren Körper unterstützen (→ Zeichnung links) und nicht nur mit einer Hand unter den Bauch fassen.

✔ Ein kleines Kätzchen kann sich seiner Haut noch nicht genug wehren. Bitte sofort in Ruhe lassen, wenn es schreit.

✔ Ist eine junge Katze unwillig, zeigt sie das mit Krallen und Zähnen, ohne dass es gleich sehr weh tut. Im Spiel mit ihr lernt man schnell, was sie mag und was nicht.

✔ Fühlt sich eine ausgewachsene Katze falsch behandelt, kann sie sehr schmerzhafte Tatzenhiebe austeilen.

✔ Auch am Tag will die Katze viele Stunden schlafen oder ruhen. Bitte nicht stören, sie könnte unwirsch reagieren.

✔ Bringt die Katze eine Maus, darf sie nicht ausgeschimpft werden. Sie ist stolz über den Beutefang und bringt ihn als Liebesbeweis.

✔ Katzen leiden sehr, wenn die Musik voll aufgedreht wird.

Kinder und Katzen erfinden immer neue Spiele. Die »Beute« um eine Ecke herumzuziehen macht die Jagd noch viel spannender.

✔ Katzen sind Lebewesen, die Schmerz empfinden. Sie dürfen nicht am Schwanz gezogen werden und mögen es auch nicht, wenn sie gegen den Strich gestreichelt werden. Außerdem sind viele wasserscheu und wollen nicht gebadet werden. Die Schnurrhaare sind für sie wichtig (→ Seite 11) und dürfen nicht abgeschnitten werden.

Was Eltern beachten sollten
✔ Erst ab 10 bis 12 Jahren können Kinder eine Katze auch alleine versorgen. Sie lernen so Verantwortung übernehmen, Pflichtbewusstsein und Rücksichtnahme. Trotzdem ist Kontrolle nötig.
✔ Auch für kleinere Kinder ist eine Katze als Spielgefährte geeignet. Beobachten Sie aber, wie die Katze reagiert, wenn das Kind ungeschickt mit ihr umgeht. Die beiden nie unbeaufsichtigt lassen.
✔ Ist eine erwachsene Katze schon im Haus und ein Baby

Wenn die Katze frisst, lässt sie sich nur ungern stören. Kinder müssen dann etwas warten.

kommt dazu, kann die Katze eifersüchtig werden. Beschäftigen Sie sich dann viel mit ihr.
✔ Bei einer gesunden, regelmäßig entwurmten, flohfreien und geimpften Katze spricht nichts dagegen, dass sie mit einem größeren Kind im Bett schläft – vorausgesetzt, das Kind reagiert nicht allergisch.

Spiele für Katz und Kind
Kindern fällt es meist nicht schwer, Spiele mit einer Katze zu erfinden, besonders wenn die Katze noch jung ist und jede Spielanregung begeistert annimmt.
Sie lieben es beispielsweise, die Katze im Puppenwagen spazieren zu fahren, und die meisten Katzen genießen das offensichtlich auch. Fang- und Versteckspiele gehören zum täglichen Miteinander genauso wie alle erdenklichen Ballspiele. Über Bretter und Balken balancieren gehört zu den Lieblingsbeschäftigungen von Katzen und Kindern. Sie können darum wetteifern, wer am längsten oben bleibt. Auch auf Bäume klettern macht beiden Spaß, nur darf sich das Kind nicht so weit hoch wagen wie die Katze.

Katzen »helfen« zu gern bei den Hausaufgaben. Stören sie dabei, müssen sie vor die Türe.

Welche Spiele gibt es?

Mit Hilfe von interessantem Spielzeug lassen sich viele spannende Lauer-, Fang- und Fitnessspiele mit Ihrer Katze gestalten. Darüber hinaus können Sie ihr aber auch Geschicklichkeits-, Such- und Denkaufgaben stellen, Balanceakte üben und kleine Kunststückchen trainieren, die viel Spaß machen.

Der katzengerechte Spaziergang an der Leine schließlich ist ein Erlebnis, das den Horizont von Wohnungskatzen erheblich erweitert und auch Ihnen Spielspaß im Freien ermöglicht.

Lauer- und Fangspiele

Ob Papierknäuel, Korken oder quietschende, catnipgetränkte, selbstzappelnde Spielmäuse, für die Katze wird jedes Spiel ungleich attraktiver, wenn Sie mitspielen. Ziehen Sie einen Spielgegenstand mit kleinen ruckhaften Bewegungen in einiger Entfernung vor den Augen ihrer Katze über den Boden. Stoppen Sie zwischendurch. Lassen Sie Ihrer Katze Zeit, in Lauerstellung zu gehen und sich anzuschleichen. Steigern Sie die Spannung, indem sich die »Beute« erst nur wenig bewegt, aber blitzschnell wird, wenn die Katze angreift. Die Sache wird noch viel interessanter, wenn die Beute sich nicht im freien Raum bewegt, sondern an weniger leicht zugänglichen Stellen. Stuhl- und Tischbeine, Schrankecken, Türen, Blumentöpfe, Papierkörbe und alle Arten von höhlenartigen Gebilden sind hervorragend dafür geeignet. Die Katze greift am liebsten zu, kurz bevor das Jagdobjekt hinter dem Hindernis oder um die Ecke zu verschwinden droht. Ein-, zwei-, vielleicht dreimal darf die Beute schneller sein als die Katze und ihr entwischen. Aber dann müssen Sie ihr den Jagderfolg gönnen, sonst verliert sie die Lust. Diese Schwelle liegt bei jeder Katze woanders. Ältere, erfahrene Katzen geben eher auf, wenn sich die Anstrengungen doch nicht lohnen, bei jüngeren überwiegt oft der Spaß an der Bewegung. Die Katze wird ihre Krallen in die Beute schlagen, hineinbeißen, sie vielleicht wieder hochschleudern, anschubsen oder wegtragen wollen. Dann lassen Sie das Spielobjekt wieder entfliehen, und die Jagd beginnt von neuem. In spannungssteigernden Variationen dieser Spiele bleibt die begehrte Beute nicht am Boden, sondern klettert über Kratzbäume, Stühle, Tische, Treppen oder andere Hindernisse, verschwindet unter Decken, in Taschen, Körben oder in Tunneln und Röhren, die Sie in allen möglichen Größen im Zoofachhandel kaufen können (→ PRAXIS Fitness, Seite 58).

Viele Hunde lieben kleine Kätzchen und sind geduldige Spielpartner.

Weitere Fangspiele

<u>Bewegliche Zweige:</u> Weidenzweige mit einer langen, dünnen, beweglichen Spitze oder Reitgerten, deren dünnes Ende unter den Augen der Katze schlängelnde Zickzack-Bewegungen ausführt und »wegläuft«, entfacht normalerweise bei jeder noch so trägen Katze augenblicklich das Jagdfieber.

<u>Unsichtbare »Beute«:</u> Nicht widerstehen können die kleinen Raubtiere, wenn sich die Beute unter einer Decke, einem Tuch oder einem Teppich bewegt. Das kann ein Spielzeug sein, der Finger oder der dicke Zeh unter der Bettdecke. Die Katze verharrt in Lauerstellung, starrt auf die unsichtbare Beute und packt plötzlich blitzschnell zu.

Katzen und Kinder werden schnell unzertrennliche Freunde.

<u>Lichtspiele:</u> Lassen Sie im Dunkeln den Punkt eines Lichtzeigers durch die Wohnung tanzen, den die Katze dann zu fangen versucht. Da sie kein Erfolgserlebnis haben wird, ist es zu empfehlen, sie mit dem Lichtpunkt erst so richtig in Fahrt zu bringen, anschließend aber auf greifbare Beute zu wechseln, wie einen Ball, ein Federbüschel an der Katzenangel oder eine Spielmaus. In eine Spielfigur aus Sisal könnte die Katze ganz nach Lust ihre Krallen schlagen. **Hinweis:** Vorsicht bei Laser-Pointern: Die Katze darf nicht in den Strahl blicken.

TIPP

Katzenspielzeug austauschen

Es ist völlig normal, dass die Katze nach einigen Tagen auch an dem attraktivsten Spielzeug die Lust verliert. Deshalb sollten Sie ihr möglichst mehrere, völlig verschiedene Spielobjekte anbieten. Tauschen Sie die Spielsachen in kurzen Abständen aus. Nach einiger Zeit holen Sie ein »altes« wieder hervor. Die Katze wird sich mit neuem Eifer darauf stürzen. Auch in einer anderen Umgebung kann ein bekanntes Spielzeug neue Attraktivität gewinnen. Es gibt aber auch Katzen, die heißgeliebte Spielsachen besitzen, die sie jahrelang aufbewahren und immer wieder hervorholen.

Katzenlangeweile hilft auch dieser Futterbehälter: Schneiden Sie mehrere Löcher in zwei leere, saubere Joghurtbecher. Die Löcher sollten nur so groß sein, dass die Katze nicht mehr als ein Stück Futter auf einmal herausholen kann. Füllen Sie einen Becher mit Trockenfutter und kleben Sie die Becher zusammen. Noch mehr Geschicklichkeit ist gefordert, wenn der Behälter nicht auf dem Boden rollt, sondern etwas über der Kopfhöhe der Katze aufgehängt ist.

Leckerbissen finden: Das gut entwickelte Geruchsvermögen der Katzen können Sie bei einem weiteren lustigen Spiel testen. Nehmen Sie drei Kästchen, die in Größe, Farbe und Struktur verschieden sind und leicht geöffnet werden können oder nur lose abgedeckt sind. Geben Sie vor den Augen der Katze ein Leckerchen in eines der Kästchen. Verschieben Sie die Kästchen mehrfach. Die Katze soll nun das richtige Kästchen finden und sich den Leckerbissen herausfischen.

Such- und Denkspiele

Spielerische Beschäftigung können Sie Ihrer Katze auch verschaffen, wenn Sie ihr das Futter nicht einfach nur vorsetzen, sondern sie danach suchen lassen. Verstecken Sie zum Beispiel Trockenfutter an verschiedenen, nicht ganz leicht zugänglichen Stellen in der Wohnung, so dass die Katze Geschicklichkeit und Arbeit aufwenden muss, um einzelne Stücke zu ergattern. Wenn Sie ihr zeigen, dass Sie etwas verstecken, wird sie das Spiel sicher schnell verstehen.

Trockenfutter »angeln«: Der Zoofachhandel hält Lochbälle bereit, in denen Leckerchen versteckt sind, die beim Spiel einzeln herausfallen. Gegen

Spiele für mehrere Katzen

Hat eine Katze eine begehrte Beute erobert, so teilt sie diese nicht gerne mit einer anderen Katze. Möglicherweise knurrt sie sogar böse, wenn sich ein Konkurrent oder ein Mensch nähert, der die Maus oder die Spielzeugbeute wegnehmen könnte. Wollen Sie mehrere Katzen an einem Fangspiel beteiligen, brauchen Sie deshalb auch mehrere Beuteobjekte.

Anders ist es jedoch mit einem gut springenden Ball wie einem Ping-Pong-Ball. Den kicken auch zwei und mehr Katzen im turbulenten Spiel durch die Wohnung. Besonders viel Spaß macht dieses Spiel in einem kleineren, abgeschlossenen, leeren Raum mit glattem Boden, wie beispielsweise ein Flur. Auch eine Küche gibt oft ein gutes Feld für das Katzenmatch ab. Katzen lieben es auch, zusammen mit Artgenossen in und auf Röhren und Tunneln herumzutoben (→ Zeichnung, Seite 58) oder mit einem Löcherkarton zu spielen, bei dem sie nach Beute oder einem Artgenossen angeln können (→ Seite 47).

Spiele für Katzenkinder

Katzenkinder sind sehr verspielt. Neugierig nähern sie sich allem Neuen. Manchmal sind sie dabei noch ein bisschen unbeholfen und sehen recht tollpatschig aus.

Fast alle Spiele für erwachsene Katzen sind für die Kleinen genauso geeignet. Nur springen können sie noch nicht so gut. Und ihre Ausdauer und Konzentrationsfähigkeit ist noch nicht so groß wie bei erwachsenen Katzen. Dafür sind sie umso schneller mit Begeisterung dabei. Da genügt ein raschelndes Blatt oder ein Verpackungspapier, und die Kleinen stürzen sich begeistert darauf. Besonders gerne verschwinden sie in engen Verstecken wie in einem alten Schuh, einem Stiefel oder im Papierkorb. Werfen Sie dem Kätzchen dort ein Spielzeug oder ein kleines Papierbällchen hinein – es springt sofort wie wild hinterher.

Hinweis: Oft schläft das kleine Kätzchen dann an Ort und Stelle plötzlich ganz erschöpft ein. Gönnen Sie ihm diesen Erholungsschlaf und lassen Sie es liegen, wo es gerade ist. Besteht jedoch die Gefahr, dass es an dieser Stelle verletzt wird (zum Beispiel weil jemand darauf treten könnte), sollten Sie es natürlich an einen anderen Ort betten.

Spiele für Katzen und Hunde und andere Haustiere

Das Spielverhalten von Katzen, Hunden und anderen Heimtieren wie beispielsweise Kaninchen oder Meerschweinchen ist sehr verschieden. Deshalb ist es nicht ganz leicht, etwas zu finden, das allen Spaß machen könnte. An Nachlaufspielen und Verfolgungsjagden beteiligen sich jedoch alle gerne in wechselnder Reihen-

Auf einem dicken gespannten Tau können Katzen nach Herzenslust balancieren und turnen.

folge. Am Ende gibt es jeweils zwischen Hund und Katze eine kleine Balgerei.
Typische Katzenspielzeuge wie Spielmäuse, Katzenangeln und Federbüschel sollten junge Hunde besser nicht zum Spielen bekommen, sie machen sie leider meist in kürzester Zeit kaputt. Feste Bälle und Spieltaue sind jedoch für Katze und Hund geeignet. Wenn der Hund im Spiel nicht zu stürmisch wird, können vielleicht sogar beide gleichzeitig damit spielen.

Kleine Kunststücke trainieren

Alles, was eine Katze von sich aus gerne macht, können Sie mit ihr auch zu kleinen Kunststückchen ausbauen. Versuchen Sie aber nie, dem Tier Ihren Willen aufzuzwingen.

Balancieren

Katzen sind wahre Balancekünstler. Legen Sie eine längere Holzlatte von höchstens 10 cm Breite über zwei Stühle. Vorsichtshalber sollten Sie die Latte an den Stühlen festbinden. Sie darf nicht wackeln, kippen oder wegrutschen, sonst bekommt die Katze Angst und wird nie wieder einen Fuß darauf setzen.
Animieren Sie Ihren Vierbeiner dazu, über die Latte zu gehen. Wenn er dies nicht von sich aus tun will, bringen Sie ihn vielleicht dazu, einem Spielzeug zu folgen, das Sie entlang der Latte ziehen, wie zum Beispiel einen Federstab.

Eine Katzenangel hält den Vierbeiner in Bewegung, während der Mensch sitzen bleiben kann.

Wenn das Kunststück gut klappt, können Sie den Schwierigkeitsgrad steigern, indem Sie die Katze über eine schmälere Latte balancieren lassen. Sie können die Latte dann auch noch höher legen, beispielsweise zwischen Kratzbaum und Regal.

Durch einen Reifen springen

Bei diesem beliebten Kunststück kann der Schwierigkeitsgrad in verschiedenen Trainingsstufen immer weiter gesteigert werden.
✔ Lassen Sie Ihre Katze zunächst hinter ihrem Lieblingsspielzeug an einer Schnur oder an der Katzenangel herjagen.
✔ Dann nehmen Sie einen Reifen, halten ihn knapp über den Boden und ziehen das Spielzeug so hindurch, dass die Katze ihm folgt, am besten mehrmals.
✔ Nehmen Sie den Reifen nun wenige Zentimeter höher. Wiederholen Sie das Durchlaufen durch den Reifen und gönnen Sie Ihrer Katze dann den Erfolg, die »Beute« zu fangen.
✔ Danach stellen Sie zwei Stühle im Abstand von etwa 80 bis 100 cm auf. Setzen Sie die Katze auf einen Stuhl und animieren Sie sie mit Hilfe des Spielzeuges oder einem Leckerchen, auf den anderen Stuhl zu springen. Hier bekommt sie die »Beute«.
✔ Halten Sie jetzt einen Reifen zwischen die Stühle und wiederholen Sie den Sprung nach dem Leckerbissen, solange die Katze Lust dazu hat. Dabei können Sie den Reifen allmählich etwas höher halten und die Stühle weiter auseinander rücken. Jeden Sprung untermalen Sie mit dem Kommando »Hopp« und loben und streicheln die Katze anschließend ausgiebig.

✔ Lassen Sie die Katze dann vom Stuhl aus durch den Reifen nach dem Leckerbissen auf den Boden springen. Dasselbe dann in umgekehrter Richtung.

✔ In der nächsten Trainingsstufe soll sie vom Boden aus einen Sprung durch den etwa 40 bis 50 cm hoch gehaltenen Reifen machen und wieder auf dem Boden landen.

Am besten strecken Sie dazu Ihre Hand mit einem Leckerchen durch den Reifen, zeigen es der Katze und ziehen den Arm dann so zurück, dass sie ihm folgt. Natürlich bekommt sie die Belohnung anschließend und wird gelobt. Vielleicht wird sie bald schon beim Kommando »Hopp« durch den Reifen springen.

Apportieren

Nicht nur Hunde können apportieren. Manche Katzen tun es von sich aus und bringen Ihnen mit großer Begeisterung alles, was sie gefangen haben – Mäuse beispielsweise.

Versuchen Sie, Ihrer Katze beizubringen, auf das Wörtchen »Bring's« die erhaschte Spielzeugbeute zu Ihnen zu tragen. Am besten geeignet sind weiche Spielzeugobjekte wie Fellmäuse, die die Katze gut mit den Zähnen packen kann. Wenn Sie ihr im Austausch einen Leckerbissen geben, wird sie sicher bald begreifen, wie das Spiel funktioniert. Dann werfen Sie das Spielzeug erneut weg. Auf das Leckerchen können Sie bestimmt bald verzichten, denn das Spiel macht Katzen auch so großen Spaß.

Stehen auf zwei Beinen

Wenn Katzen Jagd auf Beutetiere machen, dann richten sie sich dabei oft auf und stehen nur noch auf den Hinterbeinen, um das begehrte Objekt zu erhaschen. Machen Sie sich dieses natürliche Verhalten zu Nutze und üben Sie mit Ihrem Vierbeiner das folgende kleine Kunststückchen ein: Zeigen Sie Ihrer Katze

Hängespielzeug ist besonders attraktiv. Jedoch bitte nur unter Aufsicht geben. Die Katze kann sich in den Schlaufen verfangen.

einen Leckerbissen. Wenn sie ihn nehmen möchte, halten Sie ihn langsam immer höher, bis sie nur noch auf zwei Beinen steht. Sagen Sie das Kommando »Hoch«, warten Sie ein paar Sekunden und geben ihr dann den Leckerbissen, solange sie noch aufgerichtet ist.

Es wird nicht lange dauern, bis sie den Zusammenhang verstanden hat und sich schon bei »Hoch« auf die Hinterbeine stellt, um einen schmackhaften Bissen entgegenzunehmen. Genauso ist es natürlich möglich, eine Katze dazu zu animieren, eine Leckerei mit einem Hochsprung zu ergattern.

Bewegungsarmut und mangelnde Anreize lassen besonders manche Wohnungskatze frühzeitig krank und fettleibig werden. Mit Volldampf-Spielen und sportlichen Beschäftigungen halten Sie Ihre Katze auch bis ins hohe Alter fit.

Freiheit an der langen Leine

Eine gute Möglichkeit, einer Wohnungskatze mehr Bewegung zu verschaffen, ist, mit ihr draußen an der frischen Luft gemeinsam auf Entdeckungsreise zu gehen – natürlich angeleint.

Wenn sich die Katze an Brustgeschirr und Leine gewöhnt hat (→ TIPP, Seite 46) wird sie Ihnen zwar nicht folgen wie ein Hund – sie ist kein Rudeltier –, dafür aber bereit sein, Sie auf ihren Pirschgängen mitzunehmen.

Beachten Sie folgende Punkte, damit der Spaziergang ein Spaß für beide wird:

✔ Die Katze bestimmt das Tempo und am liebsten auch die Richtung. Sie dürfen sie auf keinen Fall an der Leine hinter sich herziehen und nicht ungeduldig sein.

Tipp zum Abspecken

Ist Ihre Katze zu dick, sollten Sie sie öfters zu Lauf- und Fangspielen und zu Spaziergängen animieren, aber auch die Futtermenge reduzieren. Geben Sie ihr Light-Futter (Fachhandel) oder lassen Sie sich vom Tierarzt eine spezielle Diät vorschlagen. Verstecken Sie das Futter an verschiedenen Plätzen in der Wohnung, dann muss sie »arbeiten«, um ans Fressen zu gelangen.

✔ Eine Katze geht vorsichtig Deckung suchend nur ein paar Schritte, verharrt, horcht, riecht, beobachtet, wartet, dann macht sie wieder ein paar Schritte usw.

✔ Seien Sie jederzeit darauf gefasst, dass sie plötzlich einen Baum hochjagt, wenn sie sich erschrickt.

✔ Gehen Sie über ruhige Wiesen, durch Parks, in den Wald. Lassen Sie sich und der Katze dabei auch Zeit zum Spielen. Ist kein geeignetes Gelände in Ihrer Nähe, fahren Sie lieber ein Stück mit dem Auto.

Hinweis: Ich empfehle Ihnen eine selbstaufrollende, etwa 3 m lange Leine (Fachhandel). Ein Brustgeschirr ist besser als ein Halsband, weil die Katze es nicht abstreifen kann.

Spielspaß im Tunnel

Ein Tunnel, an beiden Seiten offen und mit Teppich, Sisal oder Kunstpelz bespannt, ist ein beliebter Katzenspielplatz (im Zoofachhandel erhältlich). Legen Sie ein Bällchen oder eine Spielmaus hinein, und die Katze wird die »Beute« herausangeln. Noch interessanter wird das Ganze, wenn Sie ein Spielzeug an einer Gummischnur darin befestigen.

Katzen können auch in und auf dem Tunnel rollen, sich zum Ruhen hineinlegen und die Krallen wetzen.

Zu zweit tobt sichs besonders gut in solch einem stabilen Tunnel.

Badewannen-Squash

Werfen Sie einen kleinen Ball, am besten aus Gummi, in die leere Badewanne (→ Zeichnung rechts). Schon bald wird sich ein turbulentes Spiel entwickeln. Der Ball springt und rollt in alle Richtungen und kann trotzdem nicht weg-hüpfen. Genauso gut eignet sich für solch ein wildes Squash-Spiel ein kleiner, abgeschlosse-ner, möglichst leerer Raum mit glattem Boden.

Hindernislauf

Bauen Sie in Ihrer Wohnung oder im Garten einen Hindernis-Parcours auf, auf dem die Kat-ze laufen, kriechen, balancieren, weit- und hochspringen und klettern kann. Möglichst alle ihre körperlichen Fähigkeiten sollen dabei ge-fordert werden.

✔ Schauen Sie sich um, was Ihnen dafür alles zur Verfügung steht: zum Beispiel Stühle, Hocker, Trittleitern, Tische, Schränke, Kisten, Kratzbaum, Bretter, Äste oder dünne Baum-stämme, dicke Seile und Tunnel.

✔ Stellen Sie die Hindernisse möglichst ab-wechslungsreich auf. Der Parcours darf durch die ganze Wohnung gehen. Fangen Sie erst mit ein paar wenigen Stationen an und steigern Sie dann die Aufgaben von Mal zu Mal.

✔ Achten Sie darauf, dass alle Hindernisse, auf die die Katze springen oder klettern soll, fest stehen und nicht wegrutschen kön-nen, sonst bekommt sie Angst davor.

✔ Animieren Sie die Katze zu diesem Parcours, nachdem Sie sie zuerst mit ihrem Lieb-lingsspielzeug »heiß« ge-macht haben und ihr Jagdfieber entflammt ist.

✔ Sie können als Parcours-Stati-on auch eine

Beim Badewannen-Squash können Sie die Reakti-onsschnelligkeit Ihrer Katze trainieren.

Hürde bauen (→ Zeichnung unten), indem Sie einfach zwei Kratzbret-ter, die mit Sisal be-spannt sind, zusam-menmontieren (im Fachhandel erhältlich).

Schnurstracks der »Beute« nach über die Hürde und durch den Reifen – so ein abwechslungsreicher Hindernisparcours macht Katzen großen Spaß.

60 R E G I S T E R

Die halbfett gesetzten Seitenzahlen verweisen auf Farbfotos und Zeichnungen.

Ein Kratzbaum sollte standsicher und mindestens einen Meter hoch sein.

Adressen, die weiterhelfen

• Fédération Internationale Féline (FIFe), Little Dene Lenham Heath Maidstone, Kent ME 17 2 BS, Großbritannien

• Deutscher Edelkatzenzüchterverband (1. DEKZV), Berliner Str. 13, 35614 Aßlar

• Deutsche Rassekatzen Union e.V. (DRU), Hauptstr. 56, 56814 Landkern

• Österreichischer Verband für die Zucht und Haltung von Edelkatzen (ÖVEK), Liechtensteinstr. 126, A-1090 Wien

• Fédération Féline Helvetique (FFH), Denise Kölz, Solothurnerstr. 83, CH-4053 Basel

Anschriften von Katzenclubs und -vereinen können Sie auch bei den vorgenannten Verbänden erfragen.

Fragen zur Katzenhaltung beantworten auch

Ihr Zoofachhändler, der Tierarzt und der Zentralverband Zoologischer Fachbetriebe Deutschlands e.V., 63225 Langen, Tel. 06103/910 732 (nur telefonische Auskunft möglich)

Kranken- versicherung

• Uelzener Allgemeine Versicherungsgesellschaft AG, Postfach 2163, 29511 Uelzen

• AGILA Haustier-Krankenversicherung AG, Breite Str. 6-8, 30159 Hannover

Registrierung von Katzen

• Haustier-Zentralregister für die BRD e.V. TASSO, Postfach 1423, 65783 Hattersheim, Tel. 06190/4088

• IFTA, Internationale Zentrale Tierregistrierung, Weiherstr. 8, 88145 Hergatz, Tel. 0180/521 34 02

Wer seine Katze vor Tierfängern und dem Tod im Versuchslabor schützen will, kann sie hier registrieren lassen.

Bücher, die weiterhelfen

• Behrend, Katrin: Wohnungskatzen. Gräfe und Unzer Verlag, München.

• Brunner, Ferdinand: Die unverstandene Katze. Verlag Neumann-Neudamm, Melsungen.

• Deiser, Rudolf: NaturheilPraxis Katzen. Gräfe und Unzer Verlag, München.

• Leyhausen, Paul: Katzen – Eine Verhaltens-

kunde. Blackwell Verlag, Berlin.

• Morris, Desmond: Cat watching. Heyne Verlag, München.

• Müller, Ulrike: Die Katze. Gräfe und Unzer Verlag, München.

• Müller, Ulrike und H. Alfred: Die kranke Katze. Gräfe und Unzer Verlag, München.

• Sistonen, Elina: Meine Katze macht was sie will. Gräfe und Unzer Verlag, München.

• Waniorek, Linda: Wenn meine Katze älter wird. Gräfe und Unzer Verlag, München.

Zeitschriften, die weiterhelfen

• die edelkatze. Illustrierte Fachzeitschrift für Katzenfreunde, Verbandszeitschrift des 1. DEKZV, Berliner Str. 13, 35614 Aßlar

• katzen. Herausgeber: Deutsche Rassekatzen Union e.V. (DRU), Hauptstr. 56, 56814 Landkern

• Katzen extra. Sieglers Symposion Tierzeitschriften-Verlag, Postfach 61 02 65 , 70309 Stuttgart

• Das Tier. Egmont Ehapa Verlag, Im Riedenberg 54, 70771 Leinfelden-Echterdingen

Die Autorin

Sigrun Rittrich-Dorenkamp, Journalistin und Redakteurin, lebt und arbeitet zusammen mit ihrem Mann, dem Tierarzt Dr. Bernard Dorenkamp, ihren fünf Kindern und vielen Tieren in Salzkotten in Ostwestfalen. Sie schreibt für verschiedene Zeitungen und Zeitschriften, macht Filme und ist Autorin mehrerer Tierbücher. Seit ihrer Kindheit hat sie immer ein enges Verhältnis zu Katzen gehabt; zur Zeit leben vier Katzen in ihrem Haus. Durch ihre langjährige Mitarbeit in der Klinik ihres Mannes hat sie sich zudem ein umfangreiches medizinisches Wissen über Katzen angeeignet und Erfahrungen auch im Umgang mit Problemtieren gesammelt.

Der Zeichner

Johann Brandstetter ist ausgebildeter Restaurator und Maler. Er wechselte, angeregt durch Forschungsreisen mit Biologen in Zentralafrika und Asien, zum Pflanzen- und Tierzeichner. Seit mehreren Jahren illustriert er Bücher für namhafte Naturbuchverlage.

Das Original mit Garantie

Ihre Meinung ist uns wichtig. Deshalb möchten wir Ihre Kritik, gerne aber auch Ihr Lob erfahren. Um als führender Ratgeberverlag für Sie noch besser zu werden. Darum: Schreiben Sie uns! Wir freuen uns auf Ihre Post und wünschen Ihnen viel Spaß mit Ihrem GU-Ratgeber.

Unsere Garantie: Sollte ein GU-Ratgeber einmal einen Fehler enthalten, schicken Sie uns bitte das Buch mit einem kleinen Hinweis und der Quittung innerhalb von sechs Monaten nach dem Kauf zurück. Wir tauschen Ihnen den GU-Ratgeber gegen einen anderen zum gleichen oder ähnlichen Thema um.

Ihr Gräfe und Unzer Verlag
Redaktion Natur
Postfach 860325
81630 München
Fax: 089/41981-113
e-mail:
leserservice
@graefe- und-unzer.de

Fotos: Buchumschlag und Innenteil

Umschlagvorderseite: Hauskatze mit Spielzeugball (großes Foto). Katze und Junge beim Legospielen (kleines Foto).
Umschlagrückseite: Zwei junge Kätzchen auf Kratzbaum mit Spielzeug.
Seite 1: Mädchen und Kätzchen spielen mit einer Spielmaus.
Seite 2/3: Katze lauert einem Spielball auf.
Seite 4/5: Knisterndes Geschenkpapier ist ein spannendes Katzenspielzeug.
Seite 6/7: Siam beim Spiel mit einem Gitterball.
Seite 64/65: Kätzchen turnt mit einem Ball an einer Latte.

Die Fotografen

Bilder Pur/NAS/Carey: Seite 29; Bilder Pur/ Reinhard: Seite 32; Bilder Pur/Steimer: Seite 41; Binder: Seite 51; Cogis/Hermeline: Seite 20 mi.re., 37; Cogis/Lanceau: Seite 21 o.mi.; Juniors/Bohle: Seite 61; Juniors/Born: Seite 20 mi.li.; Juniors/Hecht: Seite 21 o.li., 21 u.re.; Juniors/Schanz: Seite 21 mi.li., 24; Juniors/Wegler: Seite 9, 13, 16, 17, 21 o.re., 36, 52, 57, U4; Juniors/Wegner: Seite 48; Kuhn: Seite 25, 33, 45, 64/U3; Schanz: Seite U1 (großes Foto), U2, 2/3, 4/5, 6/7, 8, 12, 21 o.re., 20 u., 28, 40, 44, 49, 56; Verein Deutscher Katzenfreunde: Seite U1 (kleines Foto), 53.

Impressum

© 2000 Gräfe und Unzer Verlag GmbH, München. Alle Rechte vorbehalten. Nachdruck, auch auszugsweise, sowie Verbreitung durch Bild, Funk und Fernsehen, durch fotomechanische Wiedergabe, Tonträger und Datenverarbeitungssysteme jeder Art nur mit schriftlicher Genehmigung des Verlages.

Redaktion:
Birgit Hausenberger/
Mirjam Baumann
Umschlaggestaltung und Layout:
Heinz Kraxenberger
Herstellung:
Verena Römer
Satz: Heide Blut
Reproduktion:
Penta Repro
Druck und Bindung: Stürtz
Printed in: Germany
ISBN   3-7742-1399-2

Auflage	4.	3.	2.	1.
Jahr	03	02	01	2000

Die Expertin gibt Antwort auf die 10 häufigsten Fragen zum Spielen mit Katzen.

1 Unter welchen Voraussetzungen kann ich eine Katze nur in der Wohnung halten?

2 Wie lange soll ich mit meiner Katze spielen?

3 Womit spielt eine Katze am liebsten?

4 Warum spielen Katzen mit ihrer Beute?

5 Warum interessiert sich meine Katze nicht mehr für ihr Spielzeug?

6 Kann man Katzen dressieren?

7 Was kann ich tun, damit mich meine Katze beim Spielen und Streicheln nicht plötzlich kratzt?

8 Können schon Kleinkinder mit Katzen spielen?

9 Ist es nicht besser, gleich zwei Katzen zu halten, damit sie zusammen spielen können?

10 Spielen ältere Katzen auch noch?